DES

FONCTIONS DES HUISSIERS

DES

FONCTIONS DES HUISSIERS

PAR

Henri PORTEMER

DOCTEUR EN DROIT

AVOCAT A LA COUR D'APPEL

PARIS

LIBRAIRIE NOUVELLE DE DROIT ET DE JURISPRUDENCE

ARTHUR ROUSSEAU

ÉDITEUR

14, rue Soufflot, et rue Toullier, 13

—

1900

HISTORIQUE

Les règles du droit doivent être envisagées, non pas seulement en elles-mêmes, mais aussi au point de vue de leur sanction. En effet, il ne suffit pas que la loi commande pour être obéie, il faut également que ses prescriptions soient sanctionnées de manière à ce que chacun puisse faire respecter les droits qu'elle lui accorde.

Deux moyens ont été employés pour réaliser cette fin. Dans un premier système, on laisse l'individu poursuivre par lui-même, sans l'intervention de l'autorité, le maintien et la réalisation de ses droits méconnus. Ce régime, que la science sociologique désigne sous le nom de régime de la justice privée, a été en vigueur à l'origine chez tous les peuples.

Dans un second système on crée une autorité spéciale, investie par l'État de la mission de juger les contestations entre particuliers et de faire exécuter, fut-ce même par la force, les décisions qu'elle a rendues. Ce système paraît avoir remplacé le premier dès que les hommes ont compris que le régime de la justice privée, en perpétuant les haines de personnes et de familles, était une cause permanente de désordres et de troubles.

La nécessité, pour une société, d'avoir un moyen de faire

exécuter les décisions de ses juges est incontestable. En effet, il est possible que le condamné ne lui reconnaisse point le droit de le frapper, ou qu'ayant encouru une peine, il ne se soucie point de la subir et fasse même tous ses efforts pour l'éviter. De plus la justice serait une garantie illusoire pour la société s'il dépendait des parties d'en paralyser l'autorité en ne se présentant pas devant les juges. Il faut qu'elles puissent être condamnées malgré leur refus de comparaître, mais l'équité exige aussi qu'aucune décision ne puisse être rendue contre la partie absente sans qu'il soit constaté par un témoignage irrécusable qu'elle a été mise en demeure de venir se défendre. Dans ces conditions, il est indispensable que l'autorité qui a le pouvoir de juger ait à son service des auxiliaires chargés de l'exécution des jugements qu'elle a prononcés et ayant spécialement qualité pour servir d'intermédiaire entre le juge et les parties.

Sous différents noms et avec des attributions diverses, ces auxiliaires ont existés dès que la société a passé du système de la justice privée au système de l'autorité judiciaire jugeant au nom de l'État. Mais il ne faudrait pas croire que dès le premier jour ils se soient imposés comme ayant seule qualité pour faire respecter le droit : au contraire, pendant des siècles, ils n'ont eu, pour ainsi dire que des attributions complémentaires, leur donnant seulement le pouvoir d'intervenir quand l'emploi préalable de certaines formes avait été impuissant pour amener le débiteur ou le coupable à composition.

C'est ainsi que dans l'ancienne société grecque, pour toutes les affaires d'intérêt privé, la partie qui avait obtenu gain de cause procédait elle-même à l'exécution du jugement : l'État n'intervenait que pour lui prêter main-forte dans le cas où la résistance de la partie condamnée rendait nécessaire son intervention.

En matière criminelle, où les peines étaient précuniaires ou afflictives, le coupable condamné à une peine afflictive, pouvait être aussi contraint au paiement d'une amende.

Des agents spéciaux les πρακτωρες étaient chargés d'en poursuivre le recouvrement et d'exproprier les biens du condamné, mais seulement quand le débiteur refusait de s'exécuter.

On voit donc que dans la société grecque, l'État fixait uniquement le taux de la peine encourue par le coupable. Quant à l'exécution de cette peine, c'était à la partie qui obtenait gain de cause à s'en préoccuper et l'État n'intervenait que lorsqu'il en était requis.

Nous trouvons un état de choses analogue dans la société romaine. Dans cette société, deux formes de procédure étaient en usage pour forcer le coupable ou le débiteur à s'exécuter : c'étaient la *manus injectio* et la *pignoris capio* : la première consistait dans la main mise sur la personne même qui refusait de donner satisfaction à la réclamation de son adversaire, la seconde dans la saisie, à titre de gage d'une partie de ses biens ; les parties accomplissaient seules ces actes et elles étaient seulement tenues d'observer certaines formalités destinées à garantir leur légitimité. C'étaient donc là de véritables actes de justice privée.

Mais à côté de ces actes s'accomplissant en dehors du magistrat et sans que la force publique fut aucunement requise, apparaissent bientôt des voies d'exécution basées sur un ordre d'idées absolument différent. C'est ainsi, par exemple, qu'en cas de *bonorum venditio* ou de *bonorum distractio* l'État ne laisse plus aux particuliers le soin de rendre effective la condamnation prononcée : il s'en occupe lui-même et opère à l'aide de fonctionnaires spéciaux que les auteurs de droit romain désignent sous le nom d'*apparitores*, de *cohortales*, de *viatores* et plus généralement d'*executores*.

Peu à peu dans le cours des temps, et par une évolution insensible des idées on s'accoutuma à associer les *executores* à tous les actes de la procédure et c'est ainsi qu'ils furent chargés, indépendemment de l'exécution des sentences, de convoquer les parties, de les mettre en demeure de se présenter devant le juge, d'introduire les plaideurs devant le préteur, et de commander le silence dans le prétoire.

Les auxiliaires de lá justice qui existaient à Athènes sous le nom de πρακτωρες et à Rome sous le nom d'*executores* répondaient à un besoin trop caractérisé de la société pour disparaître avec ces deux civilisations. Aussi, après avoir fait de nouveau l'expérience de tous les troubles qu'engendre une organisation incomplète de la justice, les hommes revinrent d'eux-mêmes à des idées plus sages, bannirent le système de la justice privée et enlevèrent aux individus, pour le donner à la société, le droit de procéder à l'exécution des jugements.

C'est alors qu'apparaissent, après la *Faïda* germanique et la guerre privée, les premiers huissiers qui devaient jouer le même rôle dans notre organisation judiciaire que les πραχτωρες et les *executores* des cités grecque et romaine.

La création des huissiers remonte à une date éloignée et si l'on n'en trouve point au début de la monarchie, du moins les auteurs de cette époque mentionnent-ils l'existence de bedeaux et de sergents employés à assigner les plaideurs au jour de l'audience. Les bedeaux, dont le nom est synonyme de « semonceur » ou distributeur de semonces (significations) paraissent avoir été créés antérieurement aux sergents (*servientes*) dont les attributions assez diverses et contradictoires furent réglementées par Saint Louis dans un édit de 1264.

Les sergents ne tardèrent pas à faire place eux-mêmes à la corporation des huissiers proprement dits, dont l'organisation remonte à Philipppe le Bel. Par deux ordonnances de novembre 1302 et du 13 juin 1309, ce roi institua les huissiers du Châtelet de Paris, dont le nombre fut limité au début à 150. Ils étaient placés, ainsi que l'indique l'ordonnance de novembre 1302, sous la dépendance du Prévot du Châtelet, sans l'avis duquel ils ne pouvaient exécuter aucun arrêt, saisie ou emprisonnement. Leurs attributions, ainsi que les honoraires qu'ils pouvaient percevoir, étaient assez strictement limités, et quelques-uns d'entre eux seulement avaient le droit de faire la police des audiences et d'assigner les plaideurs.

Toutefois, bien que dès 1302, la corporation des huissiers eut remplacé officiellement les sergents, on continua sous l'ancien régime, à désigner sous ce nom ceux qui n'exploitaient que dans les juridictions inférieures, tandis que la dénomination d'huissier était réservée à ceux qui instrumentaient auprès des Cours souveraines (Jousse. *De l'Administration de la justice*. Page 558).

L'ancienne législation française renferme un grand nombre de textes applicables aux huissiers, et l'on se rend compte qu'il doit en être ainsi si l'on considère les modifications constantes et profondes qui furent apportées à l'organisation judiciaire de la monarchie. Il ne faut pas perdre de vue, en outre, qu'avec le développement des institutions juridiques, les attributions de ces auxiliaires de la justice devaient nécessairement s'étendre, et c'est ce qui explique pourquoi les textes relatifs aux huissiers ont été si souvent remaniés, modifiés ou complétés.

Au début, d'après une lettre de Philippe IV, du 13 juin 1309, homologative d'un règlement du Prévot de Paris, il devait y avoir dans cette ville 60 sergents à cheval et 30 à pied. Douze ans plus tard, en juin 1921, le nombre des sergents à cheval fut porté à 98, et celui des sergents à pied à 133, puis une ordonnance d'avril 1342 en réduisit le nombre total à 100. Mais comme beaucoup d'autres ordonnances royales, celle-ci ne fut pas observée, et en 1498, le nombre des sergents en exercice au Châtelet de

Paris dépassait sans doute de beaucoup la limite fixée par l'autorité, puisqu'on fut obligé de le réduire à 220.

Au moment de l'institution de la vénalité des offices, on ne manqua pas de créer des charges d'huissiers. Henri II établit un audiencier dans chaque siège présidial ; Henri III en établit dans toute juridiction dépendant du domaine royal. Enfin en 1691, Louis XIV créa un premier audiencier dans chaque juridiction royale.

A la veille de la réforme de l'organisation judiciaire en 1790, il y avait au Châtelet de Paris 904 huissiers à cheval et 236 huissiers à verge, indépendamment des 4 huissiers fieffés du Châtelet et des 4 huissiers de la Grande Chancellerie. Ce nombre était véritablement excessif et il ne peut se justifier que par l'abondance et la durée des procès qui, comme on le sait, étaient l'une des conséquences les plus fâcheuses de la procédure défectueuse de l'ancien régime.

Quelles étaient, auprès des différentes juridictions, les fonctions des sergents et des huissiers ? Si l'on s'en tient à l'ordonnance de Charles le Bel organisant cette corporation, les fonctions des premiers huissiers paraissent avoir été celles de simples portiers.

En effet, l'ordonnance en question stipule que les sergents devront être placés « à l'huis du parc où l'on plaide. »

Mais bientôt, ces fonctions s'étendirent : l'huissier fut chargé de faire toutes les significations et exécutions nécessaires au maintien de la justice, et d'après divers ordonnances et arrêts du Parlement de Paris, ils devaient faire ces actes par eux-mêmes et ne pouvaient, à peine de faux,

les confier à leurs clercs ou à d'autres personnes. De plus
en vertu de la déclaration du 9 août 1564 sur l'Ordonnance
de Roussillon, et de la Grande Ordonnance de 1667 (titre
XXV article II) les huissiers étaient tenus de prêter leur
ministère toute les fois qu'ils en étaient requis, à moins
d'empêchement jugé valable.

L'exercice de ces fonctions n'était pas toujours sans
danger, malgré la protection dont le pouvoir royal entou-
rait les mandataires de la justice ; plusieurs sergents ou
huissiers furent tués ou blessés par ceux qu'ils avaient mandat d'assigner ou à qui ils devaient notifier une sentence.

Dans certaines provinces, et notamment en Auvergne,
l'impossibilité de faire respecter les décisions de justice
devint même si grande que, dans l'ordonnance de 1667,
on crut nécessaire d'obliger les seigneurs qui résidaient dans
les châteaux ou maisons fortifiées à élire domicile dans la
ville voisine. A défaut d'élection de domicile, on permit aux
huissiers de signifier aux fermiers, juges, procureurs d'office
et greffiers de ces seigneurs les exploits qui étaient destinés à ces derniers.

Les juridictions exceptionnelles de l'ancien régime ame-
nèrent la création de corporations spéciales de sergents ou
d'huissiers, comme les Sergents royaux d'armes, chargés de
signifier tous les actes relatifs aux lois sur le duel et qui
pouvaient en outre, faire tous les actes de la compétence des
huissiers ordinaires.

Il y avait aussi les Huissiers du Grand Conseil chargés de
signifier les arrêts des conseillers du Roi et investis, par un

édit de 1547, du droit de *commitimus* et du titre de *Com-
mensaux de la maison royale.*

Ils portaient au cou une chaîne d'or à laquelle était sus-
pendue une médaille : on les appelait pour cette raison
Huissiers à la chaîne.

Enfin, il existait encore des huissiers priseurs et vendeurs,
établis en 1556 ; des sergents de la marchandise ayant pour
fonction de vérifier et d'étalonner les mesures employées
par les marchands et les huissiers de la grande chancellerie
qui devaient accompagner le chancellier, garder à l'intérieur la porte du lieu ou se trouvaient le Sceau et y faire
toutes les publications usitées. La charge de premier huissier à la Chancellerie conférait la noblesse.

Ces différentes catégories d'huissiers subsistèrent jusqu'à
la révolution. La disparition de la féodalité et la chute de
l'ancien régime devaient nécessairement entraîner la disparition de plusieurs de leurs charges qui, avec l'organisation
politique nouvelle, n'avaient plus leur raison d'être. C'est
ainsi que les sergents fieffés des baillages qui avaient été
institués à l'effet de signifier tous exploits relatifs à la conservation des droits féodaux furent frappés les premiers.

Dès l'année 1790, l'Assemblée Constituante édicta différentes prescriptions relatives à l'exécution des fonctions
d'huissiers, puis voulant refondre entièrement le régime de
cette corporation, elle decréta les 29 janvier et 20 mars 1791,
la suppression de la vénalité et de l'hérédité des offices
d'huissier.

Toutefois comme le concours de ceux-ci était nécessaire à

l'exécution de la justice, le décret en question permettait à ceux qui possédaient une charge de continuer d'exercer leurs fonctions.

C'était là une mesure nécessaire car la corporation des huissiers ne fut réorganisée que 9 ans plus tard par la loi du 27 ventôse an VIII.

Pendant cet intervalle les conditions de nomination imposées aux huissiers restèrent ce qu'elles étaient sous l'ancien régime. Cependant après que le décret du 2 juin 1791 eut établi à Paris, auprès du Tribunal criminel, 3 huissiers avec un traitement de 1.200 livres chacun et 2 huissiers dans les tribunaux criminels des autres départements on exigea des candidats à ces fonctions un certificat de civisme qui devait être délivré par les municipalités. La Convention autorisa les huissiers, par le décret du 17 septembre 1793, à faire des prisées et ventes de meubles ; puis la loi du 9 vendémiaire an IV, affecta à chaque section de tribunal 2 huissiers nommés et révocables par ce tribunal lui même, ainsi qu'un huissier à chaque justice de paix. Celui-ci ne pouvait instrumenter que dans le ressort de la justice de paix auprès de laquelle il exercait, tandis que ceux qui n'avaient pas été attachés à ce service spécial pouvaient exercer dans toutes l'étendue du département.

Ensuite intervinrent la loi du 27 ventôse an VIII et l'arrêt du 22 thermidor suivant (10 août 1800) qui firent cesser l'état précaire dans lequel le décret des 29 janvier-20 mars 1791 avait placé la situation d'huissier.

La nomination des titulaires de ces charges fut donné au

Premier Consul sur la présentation du tribunal ; on les assujettit à l'obligation de prêter serment et de fournir un cautionnement.

En vertu de l'article 6 de l'arrêté du 22 thermidor an VIII, aucun huissier ne pouvait être admis à cette prestation de serment sans avoir justifié au préalable de la quittance du cautionnement exigé par la loi du 27 ventose an VIII.

Leurs fonctions étaient ainsi réglées par l'article 7 de l'arrêté de thermidor.

« Les huissiers seront chargés exclusivement : 1° du service personnel près leurs tribunaux respectifs ; 2° des significations d'avoué à avoué, aussi près leur tribunaux respectifs ; ils feront concurremment tous autres exploits, mais dans le ressort seulement du Tribunal de première instance. »

Ces dispositions restèrent en vigueur pendant presque toute la durée de l'Empire. Mais elles furent profondément modifiées par le décret du 14 juin 1813, portant règlement sur l'organisation et le service des huissiers.

A cette époque, en effet, le besoin se faisait sentir de réunir tous les textes concernant les huissiers. Ces textes étaient épars dans différentes lois, dans plusieurs décrets et arrêtés et, la tendance à codifier qui avait inspiré l'activité législative du Consulat et de l'Empire ne pouvait là encore, manquer de se manifester. D'ailleurs, il était naturel après l'élaboration et la promulgation des codes qu'une institution liée aussi intimement à l'œuvre de la justice que celle des huissiers, vit sa condition nettement réglée et son existence basée sur un fondement unique.

C'est dans cet esprit qu'intervint le décret de 1813 dont les dispositions sont encore presque toutes en vigueur aujourd'hui. Elles n'ont été modifiées que sur quelques points accessoires par les lois, décrets et ordonnances postérieurs et l'on peut dire qu'elles ont achevé de consolider la charge d'huissier en en faisant un véritable office transmissible avec l'agrément du chef de l'État. Le décret de 1813 contient 113 articles et c'est en quelque sorte, le code de la matière.

Dans son titre Ier il indique à quelles conditions sont soumises les nominations aux charges d'huissier. Les huissiers sont nommés par l'empereur : ils doivent avoir le même caractère et les mêmes attributions : toutefois certains d'entre eux peuvent être choisis par les Cours et Tribunaux pour le service des audiences ; ils prennent le titre d'huissiers audienciers par opposition aux huissiers ordinaires et le tableau en est renouvelé chaque année.

Les huissiers ne peuvent exercer les fonctions de leur charge que s'ils ont obtenu une commission confirmative, et s'ils ont prêté serment de fidélité à l'Empereur et d'obéissance aux constitutions de l'empire.

Le titre Ier du décret de 1813 fixe ainsi les conditions d'aptitude aux fonctions d'huissier, et indique le lieu de résidence qu'ils doivent occuper, soit comme audienciers, soit comme huissiers ordinaires.

Les attributions des huissiers et leurs devoirs, sont nettement délimités par le titre II du décret, dont les dispositions s'appliquent au personnel des huissiers près des

Cours impériales et prévotales et près des divers tribunaux. Le droit de faire toutes citations, notifications et significations requises pour l'instruction des procès, ainsi que tous actes et exploits nécessaires pour l'exécution des ordonnances de justice, jugements et arrêts est donné concurremment aux huissiers audienciers et aux huissiers ordinaires, chacun dans le ressort du Tribunal civil de première instance de sa résidence, sauf les restrictions prévues. De même, en vertu de l'article 37 du décret, la faculté est laissée aux huissiers tant audienciers qu'ordinaires, de procéder concurremment avec les notaires et les greffiers, aux prisées et ventes publiques dans tous les lieux où il n'est point établi de commissaires priseurs chargés de cette fonction.

Comme contre-partie des droits que le décret de 1813 accorde aux huissiers, ce texte les soumet aussi à l'accomplissement de certaines obligations : c'est ainsi qu'ils sont tenus de se renfermer dans les bornes de leur ministère (article 59), qu'il leur est interdit d'exercer toute fonction publique salariée (article 40) et de refuser leur ministère aux parties, sauf dans le cas de parenté ou d'alliance. En outre les copies à signifier doivent être correctes et lisibles, et l'article 45 déclare passible de la suspension et d'une amende tout huissier qui ne remettra pas par lui-même à personne ou à domicile l'exploit et les copies des pièces qu'il aura été chargé de signifier.

Les articles suivants établissent la communauté entre tous les huissiers résidant et exploitant dans l'étendue du ressort du Tribunal civil de la résidence, règlent l'organisation de la Chambre de discipline, limitent les attributions de cette chambre et de ses officiers et indiquent la procédure qui y sera suivie.

Enfin, il est formé une bourse commune dans chaque communauté d'huissiers, en vue de pourvoir aux frais de bureau et autres dépenses de la Chambre, de subvenir aux besoins des huissiers retirés pour cause d'infirmité et de vieillesse et des veuves et orphelins d'huissiers (articles 100 et 101). Quant aux fonds restants de la bourse commune, ils sont attribués aux huissiers faisant partie de la communauté, dans une proportion différente, suivant que le bénéficiaire est huissier audiencier des tribunaux de première instance, huissier audiencier des autres tribunaux ou ordinaire.

Il faut compléter ces dispositions par celles de l'article 88 de la loi du 28 avril 1816, qui exige un supplément de cautionnement pour les huissiers et celles de l'article 91 de la même loi, aux termes duquel les huissiers sont autorisés à présenter leur successeur à l'agrément du chef de l'État.

Le régime établi par le décret du 14 juin 1813, a très peu varié dans le cours de ce siècle. Alors que beaucoup d'autres institutions, tenant compte de l'évolution des mœurs et des idées, ont essayé de se mettre en harmonie d'une manière plus complète avec un état social nouveau, l'institution des huissiers, au contraire, est restée à peu près telle que l'Empire l'a créée. Sauf en 1886, aucun effort sérieux n'a été tenté pour modeler plus exactement à l'orga-

nisme social l'exercice d'une fonction dont l'importance ne
saurait, cependant être contestée. Il faut sans doute, en
attribuer la cause aux heureuses dispositions prises par le
législateur de 1813 pour assurer le fonctionnement de l'institution des huissiers et au maintien des principales dispositions de nos codes.

PREMIÈRE PARTIE

CHAPITRE PREMIER

DE LA PROFESSION D'HUISSIER

Avant d'aborder l'examen détaillé des différentes fonctions de l'huissier, il importe de déterminer exactement le caractère de ces officiers ministériels, de connaître les conditions requises par le législateur, pour leur nomination et enfin, d'indiquer les principales incompatibilités, existant entre l'exercice de la profession d'huissier et certaines autres professions.

Ceci est nécessaire à plusieurs points de vue.

En effet, la sanction des actes de l'huissier ne sera pas la même, si celui-ci est considéré comme fonctionnaire ou comme simple titulaire d'une charge non soumise à l'action de l'État ; et, certains actes qui lui seraient permis, en tant que simple particulier lui seront interdits en tant que fonctionnaire.

D'autre part, le législateur de 1813, a dû nécessairement

s'inspirer des fonctions de l'huissier, pour exiger des candidats à l'exercice de cette charge, les connaissances, les conditions d'âge et de moralité, qui lui ont semblé indispensables en vue d'assurer le bon fonctionnement de l'institution qu'il voulait réorganiser.

Aussi c'est en s'appuyant sur ces différentes conditions qu'il sera possible, dans certains cas prêtant à controverse, de déterminer jusqu'où doivent s'étendre les droits conférés à l'huissier et de limiter les obligations qui lui sont imposées.

Enfin, l'examen des diverses incompatibilités établies par la loi, en ce qui concerne l'exercice de la profession d'huissier permet de se rendre compte du rôle social de ce mandataire de la justice et de déterminer exactement l'étendue de ses fonctions.

SECTION PREMIÈRE

CARACTÈRE DES HUISSIERS

D'après un avis du Conseil d'État du 5 ventôse an XIII, les huissiers ne sont pas seulement des officiers ministériels, mais sont aussi des fonctionnaires publics lorsqu'ils agissent dans l'exercice de leurs fonctions. Sous ce rapport, ils jouissent de toute la protection de la loi pour se garantir des atteintes qui pourraient être portées, soit à leur sûreté personnelle, soit à leur caractère.

Mais, comme corollaire de ces droits, le caractère de fonctionnaire accordé aux huissiers implique pour ceux-ci certaines obligations; c'est ainsi qu'ils sont passibles des peines
portées à l'article 114 du Code pénal, c'est-à-dire de la
dégradation civique, s'ils commettent des actes attentatoires,
soit à la liberté individuelle, soit aux droits civiques d'un
ou de plusieurs citoyens (Cassation 16 juillet 1822). Par
contre, lorsqu'un huissier a été diffamé à l'occasion de ses
fonctions, il y a lieu, d'après un arrêt de la cour de Cassation en date du 21 décembre 1835, d'admettre l'application
de la loi du 17 mai 1819 dont l'article 16 dispose que la
diffamation contre tout dépositaire ou agent de l'autorité
publique, pour des faits relatifs à ses fonctions, sera punie
d'un emprisonnement de 8 jours à 18 mois et d'une amende
de 50 à 3.000 fr.

Les huissiers ont aussi des devoirs qui leur sont communs avec tous les fonctionnaires. Il doivent exercer leur
ministère avec zèle et s'interdire scrupuleusement tout acte
contraire à la morale et à l'ordre public. Il importe de rappeler ces prescriptions car, pour si fondamentales qu'elles
soient, elles ont pu, sous l'influence de l'intérêt personnel,
être méconnues ou violées. Ainsi en 1828, les huissiers de
L..... formèrent une société ayant pour objet de mettre en
commun et de partager par égales portions le produit de
tous les actes de leur ministère.

L'article 12 de la convention qui était intervenue stipulait que celui des huissiers, qui, pour obtenir un bénéfice
à lui seul, détournerait les parties d'entrer en procès ou de

ramener leurs titres à exécution, serait passible d'une amende de 25 fr. Une somme de 300 fr. à titre de dommages-intérêts devait être payée par celui des contractants qui se refuserait à exécuter le contrat.

L'un des signataires de cette convention ayant refusé de souscrire à ces clauses, il fut assigné par les autres co-contractants devant le tribunal de Montpellier en paiement de l'indemnité. Ce tribunal déclara nul et de nul effet l'acte de société « attendu qu'il résultait de l'article 12 du traité que les huissiers de L... avaient soumis à une amende de 25 fr. celui d'entre eux qui, pour obtenir un bénéfice à lui propre, engagerait les parties à ne pas plaider ou à ne pas ramener leurs titres de créance à exécution et qu'une pareille clause est évidemment immorale et contraire à l'ordre public ».

SECTION II

CONDITIONS REQUISES POUR LA NOMINATION DES HUISSIERS

Ces conditions ont été déterminées d'une manière générale par le décret du 14 juin 1813 qui établit dans son article 10 les conditions requises à l'égard de ceux qui aspireront aux places d'huissiers ordinaires. Ces conditions sont les suivantes :

1° D'être âgé de vingt-cinq ans accomplis. Cette limite avait été établie antérieurement au décret du 14 juin 1813 par l'article 121 du décret du 6 juillet 1810. Elle a été confirmée par la législation postérieure et il résulte de différentes décisions du ministre de la justice du 9 mai 1807, du 31 août 1843 et du 19 juin 1848 qu'aucune dispense d'âge ne peut être accordée.

2° D'avoir satisfait aux lois sur la conscription militaire et d'être libéré du service actif à moins que le candidat aux fonctions d'huissier ne soit arrivé à un âge ou il ait cessé d'appartenir à l'armée active et à sa réserve.

3° D'avoir travaillé, au moins pendant deux ans, soit dans l'étude d'un notaire ou d'un avoué, soit chez un huissier, ou pendant trois ans au greffe d'une Cour ou d'un Tribunal. Il doit être justifié de ce stage au moyen d'un certificat délivré sur timbre par le patron chez lequel le candidat a travaillé. Ce certificat doit aussi indiquer d'une manière précise le commencement et la fin du stage et, sans cette indication, il pourrait être écarté comme insuffisant. (Décisions du ministre de la justice du 9 avril 1836 et du 21 janvier 1851).

Il résulte de circulaires ministérielles que ce stage ne pourrait pas être remplacé par le travail fait pendant une durée de 3 années au greffe d'un tribunal de commerce ou chez un conservateur des hypothèques.

4° D'avoir obtenu de la Chambre de discipline un certificat de moralité, de bonne conduite et de capacité. Si la chambre accorde trop légèrement ou refuse sans motif valable ce certificat, il y a recours au Tribunal de première instance ; savoir : dans le premier cas, par le procureur de la République, et dans le second cas, par la partie intéressée. En conséquence, le tribunal, après avoir pris connaissance des motifs d'admission ou de refus de la chambre, ainsi que des moyens de justification de l'aspirant, peut accorder lui-même le certificat par une délibération dont copie est jointe à l'acte de présentation du candidat.

La chambre de discipline de l'arrondissement dans lequel le candidat se propose d'exercer ses fonctions, s'assure de la moralité de ce candidat par une enquête sur sa conduite, et de sa capacité par un examen ou une interrogation qu'elle lui fait subir.

Indépendamment des conditions exigées par le décret du 14 juin 1813, la nomination des huissiers est encore soumise à d'autres conditions, soit générales, comme s'appliquant à toutes les fonctions publiques, soit particulières comme s'appliquant spécialement aux huissiers. C'est ainsi que les candidats à ces fonctions doivent, d'après l'article 3 du décret des 5 et 6 nivôse an II et les articles 2 et 8 de la constitution du 22 frimaire an VIII, être français ou naturalisés français ; qu'ils doivent être présentés à l'agrément du chef du pouvoir exécutif, à qui il appartient de les nommer, soit par le titulaire de la charge, soit par sa veuve, ses héritiers ou ses ayants cause (article 91 de la loi du 28 avril 1816).

En cas de destitution du titulaire, la présentation doit être faite par le tribunal d'arrondissement.

Il peut aussi arriver qu'un huissier exerçant déjà dans les limites de l'arrondissement, se mette en instance pour obtenir le droit d'exploiter une autre charge devenue vacante dans ce même arrondissement, soit parce qu'elle est plus importante, soit pour tout autre motif. Dans ce cas, il est établi par une circulaire du ministre de la justice, en date du 8 février 1848, qu'il ne peut être donné suite à cette demande qu'avec le consentement du successeur de l'huissier dans la première charge à ce qu'il reprenne l'exercice de fonctions dont il s'était antérieurement démis en faveur de celui-ci.

Enfin, le nouvel huissier doit être agréé par le tribunal de l'arrondissement où il se propose d'exercer, et cet admittatur est une condition *sine qua non* de sa faculté de remplir ses fonctions. (Décision du ministre de la justice du 13 septembre 1853).

L'huissier qui demande à remplir les mêmes fonctions dans un autre arrondissement, n'est pas dispensé de l'admittatur de son nouveau tribunal. (Décision du ministre de la justice du 13 septembre 1825 et du 16 novembre 1852.)

Le tribunal délibère en assemblée générale sur le point de savoir si l'admittatur doit être accordé ou refusé. Il examine toutes conditions de fond, de forme et de personne, et souvent même il est invité par le procureur de la République à donner son avis sur le traité de cession et ses clauses.

Toutefois, on admet généralement que, s'il y a cession amiable, le tribunal n'a pas à se préoccuper du traité et doit se borner à examiner si les prescriptions de la loi ont été exactement remplies, cependant le tribunal de **Vire** a cru devoir refuser l'admittatur à un candidat à raison de son hostilité marquée vis-à-vis du gouvernement, de son attitude anti-républicaine aux élections législatives et de ses opinions ouvertement réactionnaires, choses inconciliables, d'après ce tribunal, avec les fonctions publiques. (Vire, 11 mars 1886).

Aux termes de l'article 7 du décret du 14 juin 1813, outre le serment exigé des autres officiers publics, les huissiers doivent, avant d'être admis à instrumenter, prêter serment de se conformer aux lois et règlements concernant leur ministère et de remplir leurs fonctions avec exactitude et probité. Le même décret les soumettait au serment politique qui a été aboli par le décret du 5 septembre 1870 (Art. 1er).

Ce serment doit être prêté par l'intéressé dans le mois qui suit la notification qui lui est faite, par le procureur de la République de l'arrondissement, du décret de nomination.

Cette formalité est remplie devant le Tribunal de l'arrondissement, réuni en audience publique, et après qu'il a été justifié, que le cautionnement imposé à l'huissier a été versé dans les caisses publiques.

Faute de prêter serment dans le délai imparti par le décret de 1813, la nomination du nouveau titulaire serait considérée comme non avenue, à moins que le Tribunal n'admette le postulant à prêter serment, en reconnaissant que le retard ne lui est pas imputable.

Nul acte ne peut être fait par un huissier en vue de remplir les fonctions de son ministère s'il n'a prêté le serment exigé par la loi. Ainsi en dispose l'article 12 du décret du 14 juin 1813. Si l'huissier enfreint cette disposition, il est passible des peines édictées par l'article 196 du Code pénal aux termes duquel. « Tout fonctionnaire public qui sera entré en exercice de ses fonctions, sans avoir prêté le serment pourra être poursuivi et sera puni d'une amende de 16 francs à 150 francs ».

Bien que la loi fasse une obligation à tout huissier de prêter serment avant d'exercer aucun des actes de son ministère, il n'en est pas moins vrai que le défaut de prestation de serment ou d'inscription de cette prestation sur les registres, ne suffirait pas pour vicier un exploit de nullité, s'il était constant qu'à l'époque de la signification, l'huissier qui l'avait signifié exercait publiquement ses fonctions (Besançon, 16 janvier 1811).

SECTION III

FONCTIONS INCOMPATIBLES ET FONCTIONS COMPATIBLES AVEC CELLE D'HUISSIER.

A. Fonctions incompatibles.

Indépendemment des conditions qui viennent d'être énumérées, l'huissier qui veut exercer les fonctions de son ministère doit encore tenir compte des incompatibilités établies par la loi. En cette matière, les textes sont nombreux car la loi a entendu délimiter exactement les fonctions des huissiers ; elle n'a pas voulu que sous le couvert de leur titre d'officier ministériel, ils pussent empiéter sur les attributions propres aux notaires et aux avoués, et elle n'a pas consenti, d'autre part, à ce que ce titre qui leur impose certaines charges et de nombreuses obligations puisse être considéré, dans certains cas, comme n'existant pas et laisse à ceux qui en sont investis tous les droits conférés aux tiers.

Les incompatibilités applicables aux fonctions d'huisser sont de deux sortes : elles sont, ou générales ou particulières.

L'article 40 du décret du 14 juin 1813 établit l'incompatibilité générale des fonctions d'huissier avec toute fonction publique salariée. Par exemple il y a incompatibilité avec les fonctions de juge de paix (décret des 6-27 mars 1791) ; de greffier de justice de paix (article 5, loi du 27 vendémiaire an III) ; de greffier ou de commis greffier près les Tribunaux civils de première instance et de commerce (décret des 6-27 mars 1791).

D'autres incompatibilités spéciales résultent de différents textes qu'il importe de mentionner. C'est ainsi qu'en vertu d'un arrêté du 6 prairial an X et de l'article 7 de la loi du 25 ventôse an XI sur le régime du notariat, l'incompatibilité est établie entre les fonctions de notaire et celles d'huissier. L'arrêté du 18 thermidor an XI décide, d'autre part, que ces fonctions sont incompatibles avec celle de défendeur officieux devant les tribunaux ordinaires et que nul ne pourra les exercer concurremment. Enfin il ressort de l'article 18 de la loi du 25 mai 1838 que dans les causes portées devant la justice de paix, aucun huissier ne pourra, ni assister comme conseil, ni représenter les parties en qualité de procureur-fondé à peine d'une amende de 25 à 50 fr. qui sera prononcée sans appel par le juge de paix. Il n'est dérogé à ces dispositions que lorsque les huissiers se trouvent dans un des cas prévus par l'article 86 du Code de procédure civile, c'est-à-dire quand il s'agit de leurs causes personnelles, de celles de leurs femmes, parents ou alliés en ligne directe et de leurs pupilles. Toutefois, il a été jugé que cette incompatibilité ne s'étend pas aux clercs d'huissiers (Trib. Paix de Paris, 11 juin 1890, *Gazette du Palais*, 90-2-26).

Les mêmes dispositions sont édictées par la loi du 3 mars 1840 en ce qui concerne l'incompatibilité existant entre les fonctions d'huissier et celles de défendeur officieux devant les Tribunaux de commerce. Déjà, avant cette loi, on avait jugé que les huissiers ne pouvaient, devant les tribunaux de commerce, représenter les parties ni, en conséquence, conclure pour elles, exposer les faits de la cause et les défendre (Riom, troisième chambre, 2 avril 1830. Amiens, 24 juillet 1833). Mais même après la loi du 3 mars 1840, la question se pose de savoir si un huissier peut valablement intervenir lorsqu'il ne s'agit que d'affirmer les créances d'une faillite, en vertu du mandat d'affirmer qui lui a été donné et de prendre part à toutes les opérations de la faillite. Sur ce point, les opinions sont divisées.

Dans une première théorie, on expose que l'incapacité étant de droit étroit, ce mandat peut lui être confié (Dalloz, v. faillite, n° 586).

Dans une seconde théorie sanctionnée par la jurisprudence, on admet que l'huissier qui accepte le mandat
d'affirmer une créance devant le juge-commissaire d'une
faillite et de prendre part aux opérations de cette faillite, est
passible de l'application de l'article 5 de la loi du 3 mars
1840 (Versailles, 4 avril 1846 S. 1847-2-86 ; Cassation
10 mars 1847 S. 1847-1 469).

Il importe de remarquer qu'à l'inverse de ce qui a lieu
devant la justice de paix, les huissiers ne sauraient être
admis à postuler indirectement devant les tribunaux de
commerce en se faisant remplacer par leurs clercs ou par
des prête-noms (Tribunal de commerce de Paris, 30 janvier
1830).

Enfin la qualité d'officier ministériel interdisant à celui
qui en est investi de se livrer à des actes de commerce, il
est interdit aux huissiers, sous peine d'être remplacés, de
tenir auberge, cabaret ou café, même sous le nom de leur
femme à moins d'une autorisation spéciale qui doit être
accordée, non par le tribunal dont ils dépendent, mais par
le Ministre de la Justice (Cassation, 26 septembre 1834 ; S.
1835-1-134). Aux termes d'un arrêt du Conseil d'État du
2 août 1854 cette décision du Ministre de la Justice n'est
pas susceptible d'un recours contentieux devant le Conseil
d'État.

L'exercice de la profession de banquier étant considéré
comme un commerce, il s'ensuit que celui qui exerce les
fonctions d'huissier ne peut être en même temps, réputé
banquier pour les avances qu'il a faites à ses clients ; ces

avances ne sont dès lors, de sa part que des avances offi-
cieuses, des prêts ou des actes de mandat : elles ne peuvent
devenir la base d'un compte courant à son profit, ni donner lieu à une action en paiement devant le Tribunal de
commerce (Rouen, 20 février 1852).

B. *Fonctions compatibles avec celles d'huissier*

Ainsi qu'il a été dit, l'article 40 du décret du 14 juin
1813, pose en principe, que les fonctions d'huissier sont incompatibles avec l'exercice de toute fonction publique salariée. Mais dans le cas ou les fonctions publiques ne donnent lieu à aucune indemnité de la part de l'État, la prohibition portée à l'article 40 doit-elle être maintenue ? La
question a donné lieu à des controverses, bien qu'il semble
qu'elle doive être résolue dans le sens de la négative.

Une décision ministérielle en date du 13 octobre 1870, a
décidé qne les fonctions d'huissier sont compatibles avec
celles de maire, d'adjoint ou de conseiller municipal. Toutefois, l'huissier maire ou adjoint ne peut connaître comme
juge de police de l'affaire dans laquelle il a instrumenté ; il
ne pourrait pas non plus remplir dans cette affaire, le rôle
de ministère public (Cassation, 20 février 1847).

D'après un avis du Conseil d'État du 13 août 1841, les
fonctions d'huissier sont compatibles avec celles de porteur
de contraintes. Enfin il a été jugé qu'un huissier peut être
en même temps, syndic de faillite par ce fait que les inca-

pacités sont de droit étroit et que nulle disposition législative ne déclare les huissiers incapables d'être syndics. (Bordeaux, 20 mars 1863).

CHAPITRE II

ATTRIBUTIONS DES HUISSIERS

Aux termes de l'article 24 du décret du 14 juin 1813 :

« Toutes citations, notifications et significations nécessaires pour l'instruction des procès, ainsi que tous les actes et exploits requis pour l'exécution des ordonnances de justice, jugements et arrêts, sont faits concurremment par les huissiers audienciers et les huissiers ordinaires, chacun dans l'étendue du Tribunal civil de première instance de sa résidence ».

Ce texte rapproché des articles 2, 3 et 4 du même décret nous indique que les huissiers sont chargés d'une part de rédiger et signifier un certain nombre d'actes, les uns antérieurs, les autres postérieurs aux jugements, d'autre part d'assurer le service intérieur des audiences des Cours et tribunaux.

Enfin, il ressort de différents textes qui seront étudiés plus loin, que la loi réserve encore aux huissiers certains actes dont le but est en général de fixer un droit ou de prévenir une constestation. On peut les grouper sous le nom d'actes extrajudiciaires par opposition aux premiers qui sont

des actes judiciaires, c'est-à-dire faits sous la surveillance
du juge.

Mais tous ces actes judiciaires ou extrajudiciaires portent
le nom générique d'exploit et sont soumis à des règles générales qu'il importe d'étudier tout d'abord.

SECTION I

DES EXPLOITS

§ 1. — **Règles générales applicables aux exploits**.

Pendant longtemps les exploits, et particulièrement les
assignations, furent faits de vive voix par les sergents assistés de deux recors.

C'est seulement en 1539, que l'ordonnance de Villers-
Cotterets décida que : « de toutes commissions et ajourne-
« ments seront tenus les sergents de laisser copie aux
« ajournés ou à leurs gens et serviteurs, ou de les attacher
« à la porte de leurs domiciles ou d'en faire mention par
« l'exploit ».

Un édit de 1669 déclare inutile les deux recors.

Aujourd'hui toute procédure verbale est absolument
abolie.

Les dispositions concernant la rédaction des exploits se
trouvent dans le Code de procédure et surtout dans plusieurs
lois spéciales.

Mais on ne trouve nulle part des règles générales auxquelles on puisse se référer pour suppléer au silence ou à
l'obscurité des textes particuliers.

Cependant certains auteurs ont soutenu que ces règles
étaient écrites dans la loi du 25 ventôse an XI, portant organisation du régime du Notariat, laquelle serait applicable
d'après eux à tous les actes authentiques. Il ne parait pas
que cette doctrine soit fondée, car la loi dont il s'agit est
privative au notariat et il serait abusif d'en étendre les
dispositions.

Pour qu'un exploit soit valable, il faut tout d'abord, qu'il
ait été fait par un huissier reçu conformément à la loi ou
par un fonctionnaire public ayant qualité à cet effet, mais il
n'est pas nécessaire que l'huissier rédige lui-même les
exploits, il suffit qu'il les signe.

Il serait cependant conforme à l'esprit de la loi que l'huissier ne laissât point à des tiers le soin de rédiger les actes
de son ministère. La loi ne lui en ayant pas fait une obligation stricte, il a été jugé que s'il y a là un abus susceptible d'être réprimé par des peines et des mesures de discipline, on ne saurait y trouver un fondement pour une
demande en dommages-intérêts contre la communauté des
huissiers.

Dans ce sens, il existe d'ailleurs un arrêt de la Chambre
des requêtes du 5 juin 1822, qui décide qu'aucune disposition législative ne défend aux huissiers de confier à des
tiers la rédaction d'actes de leur ministère, ni de faire, à ce

sujet, la remise d'une partie des émoluments qui leur sont individuellement réservés.

L'arrêt en question ajoute que la convention intervenue entre plusieurs huissiers et un tiers, convention d'après laquelle celui-là devait rédiger les actes du ministère de ceux-ci, n'offre rien de contraire aux prescriptions des articles 1131 et 1134 du Code civil, d'après lesquels toute obligation reposant sur une cause illicite, c'est-à-dire sur une cause contraire à la loi, aux bonnes mœurs ou à l'ordre public, est nulle.

Cette jurisprudence se comprend facilement si l'on considère qu'il n'y a, en réalité, aucune utilité à ce que l'huissier écrive lui même les mentions de l'acte, d'ailleurs, la signature qu'il appose sur chaque exploit, suffit à constater que c'est bien lui-même qui a rempli les formalités dont il ne peut confier l'exécution à personne.

Toutefois, certains auteurs pensent qu'en raison de l'importance de la date et de l'immatricule, l'huissier devrait les écrire lui même. Cette question a donné lieu à des jugements contradictoires. Dans un premier système, on s'appuie, pour soutenir l'affirmative, sur un arrêt de la cour de Riom du 4 juillet 1829, qui a confirmé un jugement du Tribunal de Brioude disposant que « s'il est généralement admis qu'un huissier peut faire écrire ses actes par une main étrangère, il y a exception pour certaines parties des dites actes, et, spécialement, pour la date, l'immatricule et le parlant à » :

Dans un second système, au contraire, on soutient, en conformité avec un arrêt de la Cour de cassation du 13 avril

1831, qui a cassé l'arrêt précédemment rendu en 1829 par
la cour de Riom, que la jurisprudence instaurée par celle-ci
ne repose sur aucun fondement. Cette dernière opinion
semble être plus exacte que la précédente ainsi qu'il ressort des considérants de l'arrêt de la Cour de cassation.
« Attendu, dit cet arrêt, qu'en déclarant nul un procès-verbal
parce qu'il n'était pas écrit de la main de l'huissier qui l'a
signé et a, par sa signature, garanti la sincérité de tout son
contenu, la Cour royale a expressément violé l'article 1030
du Code de procédure, portant qu'aucun exploit ou acte de
procédure ne pourra être déclaré nul, si la nullité n'en est
pas prononcée par la loi ».

Actuellement on admet en général, que l'obligation pour
l'huissier d'écrire les exploits n'existe pas plus en ce qui
concerne l'immatricule, la date et le parlant à que pour le
corps même de l'acte. Il suffit donc que, par sa signature,
il prenne la responsabilité de tout le contenu des actes
quoi qu'ils soient écrits d'un bout à l'autre d'une main
étrangère (V. Pigeau tome I, p. 170 : Chauveau et Carré
n° 305 *ter*; Boitard, tome I, page 267).

De ce que l'huissier n'est pas obligé de rédiger lui-même
les actes, il s'ensuit qu'on peut se demander s'il est obligé
de recevoir et de signifier les exploits qui lui sont remis
tous préparés d'avance par une autre personne et où seules
les mentions le concernant ont été laissées en blanc.

La question offre un grand intérêt pratique car il arrive
fréquemment que les actes que signifient les huissiers ont
été préparés par les avoués des parties.

Ici encore on se trouve en présence de deux théories opposées. Dans une première théorie, basée sur différents jugements (Tribunal d'Alais, 2 novembre 1845. D. P. 46-3-37 ; Tribunal de Nevers, 10 mars 1847. D. P. 47-4-292), on soutient que les huissiers peuvent refuser de recevoir de tels actes.

Dans une seconde théorie au contraire, on expose qu'il ne leur est pas possible d'opposer un refus de signifier aux parties qui ont rédigé l'acte, mais qu'ils conservent le droit d'exiger la totalité des émoluments qui leur sont alloués par le tarif. Différents arrêts ont été rendus dans ce sens, entre autres un jugement du Tribunal d'Amiens du 4 juillet 1822, qui dispose qu'à la vérité, l'huissier responsable de ses actes, ne l'est pas moins de ceux qu'il signifie sans les avoir écrits et rédigés lui-même que de ceux qui sont, en tout, son ouvrage ; mais que cette responsabitité ne lui donne pas le droit de refuser son ministère pour la signification des actes qu'on lui présente tout rédigés.

L'huissier a seulement le droit d'examiner et de critiquer ces actes, d'en proposer au client la modification ou la régularisation et, en cas de persistance de celui-ci dans la teneur de l'acte de refuser son ministère.

Cette jurisprudence a été sanctionnée par divers jugements (Tribunal de Carcassonne, 17 novembre 1847 ; tribunal de Rennes, 15 février 1847 et un arrêt de la Chambre des Requêtes de la Cour de cassation du 8 mars 1848).

Il ressort encore des considérants du jugement du tribunal d'Amiens du 4 juillet 1822, précédemment cité, que l'huissier ne pourrait alléguer, pour refuser son ministère, qu'une délibération de la chambre des huissiers, lui enjoint de ne pas signifier les actes qui n'auraient pas été rédigés dans son étude. Même, il importerait peu que l'huissier offrit de l'écrire et de le signifier dans les termes où il était présenté, il encourrerait les pénalités de la loi, attendu que l'article 42 du décret du 14 juin 1813, décide. que les huissiers sont tenus d'exercer leur ministère toutes les fois qu'ils en sont requis, sauf dans les cas prévus par la loi.

Les dispositions concernant les exploits, dont la loi fait mention exigent ensuite que ces actes soient écrits en langue française.

Par suite, aucun huissier ne peut faire usage dans la rédaction des exploits, de langues étrangères ou de patois régionaux sans tomber sous le coup des sanctions édictées par le décret du 2 thermidor an II, qui dispose que tout officier ministériel qui rédige un acte de son ministère autrement qu'en langue française est puni de la destitution et encourre un emprisonnement de 6 mois.

Une autre sanction résulte encore de la nullité de l'acte. Cette nullité, bien qu'elle ne soit écrite nulle part, est la conséquence de la violation d'une règle d'ordre public qui domine tout notre droit.

Les actes faits par les huissiers doivent être lisiblement écrits. Le décret du 29 août 1813, édicte des sanctions à cet égard en décidant, dans son article 2, que l'huissier qui aura signifié une copie de citation ou d'exploit, de jugement ou d'arrêt, qui serait illisible, sera condamné à l'amende de 25 francs sur la seule provocation du ministère public, et par la Cour où le Tribunal devant lequel cette copie aura été produite. Si la copie a été faite et signée par un avoué, l'huissier qui l'aura signifiée sera également condamné à l'amende, sauf son recours contre l'avoué, ainsi qu'il avisera.

Ces dispositions sont reproduites dans l'article 20 de la loi du 2 juillet 1862 (loi de finances) en vertu duquel, les copies des exploits et des significations de tous jugements doivent être correctes, lisibles et sans abréviations).

La question se pose de savoir si les huissiers doivent. comme les notaires, écrire leurs actes sans blancs, ni lacunes, ni intervalles. Ici encore, la jurisprudence n'est pas constante, et elle se prononce tantôt dans un sens, tantôt dans l'autre.

Dans un premier système. on admet qu'il faut appliquer aux exploits d'huissier l'article 15 de la loi du 25 ventôse an XI, qui décide que les renvois et apostilles, ne pourront, sauf exception, être écrits qu'en marge ; qu'ils devront être signés et paraphés tant par les notaires que par les autres signataires ; de plus, aux termes de l'article 16 de la même loi, il ne doit y avoir dans le corps de l'acte ni surcharge, ni interligne, ni addition.

Il semble en effet que les huissiers doivent observer les dispositions de cette loi, car elles sont l'expression d'une idée commune à tous les actes.

L'huissier doit donc, comme les notaires, approuver les mots nuls, écrire les mots changés ou oubliés en renvoi et approuver ces renvois.

Le législateur a aussi indiqué le nombre maximum de mots que peut contenir chaque ligne. En vertu de l'article 20 de la loi du 2 juillet 1862, toute contravention à ces dispositions est passible d'une amende de 25 francs.

Les huissiers doivent rédiger les exploits à double exemplaire dont l'un, l'original reste entre leurs mains ou celles de leur mandant pour constater l'accomplissement des formalités, tandis que l'autre, la copie, est remise à la partie adverse qui la conserve.

Dans un intérêt fiscal, les huissiers ont été soumis à l'obligation d'écrire leurs actes sur papier timbré.

Au début, l'original et la copie étaient donc faits sur 2 feuilles de papier timbré exactement semblables ; mais on s'aperçut bientôt que dans un certain nombre de cas, les huissiers ne délivraient pas en fait la copie ; de là une perte pour le Trésor.

L'administration de l'enregistrement des domaines et du timbre imagina alors de délivrer aux huissiers pour les copies des feuilles de papier spécial revêtues d'un timbre à l'encre grasse, et de l'empreinte d'un timbre sec portant le mot « Copies » (Décret du 30 décembre 1873).

Mais ces feuilles ne sont délivrées qu'en même temps que des timbres mobiles qui en représentent la valeur fiscale et qui doivent être apposés sur l'original de l'acte en nombre égal à celui des feuilles employées.

Ces feuilles de copie étaient primitivement en papier blanc, et malgré le timbre à l'encre grasse et l'empreinte au timbre sec dont il a été précédemment question, elles faisaient naître une confusion dans l'esprit du public qui les employait souvent pour faire un testament, un acte sous-seing privé, etc.

C'est pour éviter cette confusion qu'on leur donna par la suite cette couleur bleue qu'elles ont encore aujourd'hui.

L'huissier qui ne ferait pas usage de papier timbré dans la confection de ses exploits ou qui n'emploierait pas un nombre suffisant de timbres mobiles pour représenter la valeur des copies serait passible d'une amende de 50 francs.

§ 2. — **Formalités générales des exploits.**

Aucun texte n'indique d'une manière générale et précise les formalités indispensables dans la confection des exploits. Il est nécessaire de s'appuyer sur les articles 61 et 64 du Code de procédure, au titre des ajournements, dans lesquels le législateur pose certains principes qui doivent être étendus aux autres exploits, ainsi que sur certains textes particuliers, comme la loi du 22 frimaire an VII sur l'enregistrement.

A. — *Date.*

Les exploits doivent tout d'abord être datés.

Ils font en effet, partie d'un ensemble minutieusement réglé et leur place dans la procédure ainsi que le moment, où ils doivent être signifiés sont fixés par lá loi,

Le Code de procédure civile à l'Art. 1 du Tit. Ier, dispose que « toute citation devant les juges de paix contiendra la date des jours, mois et an..... » et l'article 61 contient les mêmes dispositions en ce qui concerne les exploits d'ajournement.

L'huissier doit indiquer ces mentions conformément au calendrier grégorien dont l'emploi est obligatoire dans tous les actes authentiques.

Contrairement à l'ordonnance de 1667, le Code de procédure n'exige plus que l'huissier fasse figurer sur l'exploit la mention de l'heure où il a été signifié. Cette mention avait pourtant son utilité en ce qu'elle permettait de déterminer si l'huissier n'avait pas instrumenté en dehors des heures légales. C'est d'ailleurs un point sur lequel nous reviendrons.

L'indication de la date étant une formalité substancielle de tout exploit, son omission ou une erreur à son sujet entraînent la nullité de l'exploit. (Cassation, 5 novembre 1890. *Gaz. Pal.* 90-2-527) Et cette nullité doit être prononcée ainsi qu'en décide la jurisprudence, quand même un seul élément de la date (jour, mois, an) aurait été omis. (Cassation, 4 décembre 1861 : Sirey, 62-1-161, 26 janvier 1874 ; Sirey, 74-1-440).

L'erreur de date entraîne également la nullité de l'exploit ; mais il faut prouver que l'exploit porte une fausse date ; il est un cas où cette preuve résulte de l'acte lui-même ; c'est lorsque l'original et la copie ne portent pas la même date.

B. Mentions relatives au requérant.

En vertu de l'article 61 du Code de procédure civile, les exploits doivent ensuite contenir les noms, profession et domicile de ceux à la requête de qui il sont faits.

Cette disposition de la loi se comprend parfaitement.

En effet celui qui reçoit l'exploit a besoin d'examiner la prétention qui y est exprimée et d'y répondre, soit en la contredisant, soit en l'acceptant, soit en émettant des propositions d'arrangement. Or il est nécessaire pour cela, que l'exploit indique d'une manière suffisamment précise la personnalité du demandeur.

En ce qui concerne l'obligation de faire figurer dans l'exploit le nom du demandeur, il faut entendre par là que le requérant doit être désigné par son nom patronymique et par ses prénoms. Aucun doute, en cette matière, n'est permis pour le nom, et un jugement du Tribunal de Colmar du 7 janvier 1820, est très affirmatif à cet égard. Quant aux prénoms, il semble qu'il n'y ait pas lieu de douter que leur inscription est nécessaire attendu que la loi, en écrivant le mot « noms » au pluriel a évidemment voulu indiquer par là les nom et prénoms.

Néammoins, la thèse adverse est défendue par certains auteurs qui s'appuient, pour soutenir leur opinion sur plusieurs articles du Code civil et notamment les articles 34, 63, 76, 2148 et 2153. Dans ces divers articles, en effet, le législateur a pris soin de mentionner nommément « les nom et prénoms » et l'on suppose que si, dans l'article 61 du Code de procédure civile, il avait eu la même intention, il se serait servi des mêmes formes. On répond à cet argument que dans les divers articles du Code civil précédemment cités, le mot « nom » est écrit au singulier et qu'il existe d'ailleurs plusieurs manières différentes d'exprimer la même idée.

L'article 61 du Code de la procédure civile exige encore la mention de la profession et du domicile du requérant. Cette obligation existait déjà dans l'ordonnance de 1667, et elle est obligatoire à peine de nullité de l'exploit.

Enfin, l'obligation de mentionner le domicile est exigée pour éclairer le signifié sur l'identité de son adversaire et il ne suffirait point que l'exploit indiquât seulement la résidence du demandeur ou un domicile élu.

Pour ce qui a trait aux mentions relatives au requérant, les tribunaux ont admis dans une très large mesure l'emploi des équivalents, c'est ainsi qu'il a été jugé :

1. Que l'indication d'un nom patronymique inexact ne saurait être une cause de nullité, lorsque la personne portait habituellement le nom qu'elle a indiqué et qu'aucun doute n'était possible sur son identité (Cassation 24 mai 1879).

2. Que le défaut d'indication de la profession du demandeur n'emporte pas la nullité de l'exploit, lorsqu'avant toute contestation, cette omission a été réparée par les actes subséquents de la procédure, (Limoges, 5 février 1817).

3. Que l'exploit d'ajournement qui ne désigne ni la profession, ni le domicile du demandeur n'est pas nul, si la

copie du procès-verbal de non-conciliation donnée en tête de cet exploit contient ces énonciations (Nîmes, 5 août 1812).

Cette jurisprudence montre bien qu'en cette matière il faut tout particulièrement s'attacher à l'esprit de la loi, c'est-à-dire ne déclarer un exploit nul qu'autant qu'il est impossible au défendeur de se rendre compte de la personnalité du demandeur.

C. — Mentions relatives à l'huissier.

Dans sa seconde partie, l'article 61 du Code de procédure civile s'occupe des mentious relatives à l'huissier et dispose que les exploits devront contenir, à peine de nullité « les noms, demeure et immatricule de l'huissier ».

Cette disposition était déjà insérée dans le texte de l'ordonnance de 1667, dont le titre II, article 2, disposait de même : « Déclareront aussi les huissiers et sergents par leurs exploits : les juridictions où ils sont immatriculés, leurs domicile et celui de leurs recors avec leurs surnoms et vacations..., le tout à peine de nullité ».

La même obligation était également reproduite par la loi du 7 nivôse an VII.

Ces formalités imposées par la loi ont leur raison d'être dans ce fait qui pour que la partie puisse vérifier si l'acte qui lui est remis présente le caractère d'authenticité, elle doit être mise en mesure de demander à l'huissier qui a fait l'acte toutes explications qu'il jugera nécessaires.

Ainsi qu'il a été dit plus haut, il faut entendre par « noms »

les noms et prénoms de l'huissier, car il peut se trouver
dans le même canton deux huissiers portant le même nom, et
il importe qu'on puisse les distinguer ; cependant, on admet
en général, que le nom seul de l'huissier est requis dans la
rédaction de l'exploit et que l'absence des prénoms ne saurait vicier celui-ci de nullité. Même, certains auteurs admettent, en conformité avec un jugement du Tribunal de
Rennes du 22 août 1810, que la signature de l'huissier est
suffisante, mais il faut évidemment supposer que cette
signature est lisible.

Quant à la demeure de l'huissier dont parle l'article 61 du
Code de procédure civile, il faut évidemment entendre par
là son domicile. Ces mots sont d'ailleurs exactement syno-
nimes et si le législateur n'a pas employé le mot « domicile », c'est parce qu'il venait de s'en servir et qu'il n'a pas
voulu se répéter.

L'indication du domicile peut être remplacée par des
équivalents, La jurisprudence décide, dans ce cas, que la
mention d'huissier audiencier près d'un tribunal déterminé
peut suppléer celle du domicile malgré un arrêt en sens
contraire du 1er avril 1816, par lequel la cour de Bourges,
décide : « qu'en vain on excipe de ce que l'huissier a énoncé
sa qualité d'audiencier près le tribunal pour en induire la
désignation de sa demeure ; que la loi est trop précise à cet
égard pour se contenter d'une simple équipolence ; qu'au
surplus l'huissier audiencier pouvant demeurer dans une
commune voisine du tribunal pour faire son service, la pré-

somption qu'on voudrait tirer de sa qualité d'audiencier ne peut être certaine ».

L'article 61 du Code de procédure civile, exige encore sur l'exploit l'immatricule de l'huissier, autrement dit, l'indication de la juridiction près de laquelle il instrumente.

Cette mention était précédemment exigée par l'ordonnance de 1667, et, bien qu'elle ait été momentanément supprimée par une loi du 8 pluviôse an II, qui défendait de faire figurer dans les actes des qualifications qui eussent pu rappeler le pouvoir féodal ou la royauté, elle fut de nouveau obligatoire en vertu de la loi du 7 nivôse an VII. Cette disposition a été sanctionnée par le Code de procédure civile.

Actuellement, l'exploit qui ne mentionnerait pas l'immatricule de l'huissier serait frappé de nullité (Cassation, 27 juillet 1819).

Il en serait de même si l'immatricule contenait de fausses indications ou énonciations (Lyon, 16 janvier 1811), ou encore si l'exploit indiquait un immatricule autre que celui de l'huissier instrumentaire.

Par contre, la jurisprudence admet les équivalents dans une large mesure, pourvu qu'ils résultent de l'acte lui-même et non pas d'actes postérieurs (Bordeaux, 1er juin 1891).

Ainsi le mot immatricule n'est pas sacramentel ; en pratique, il n'est même jamais employé.

L'huissier prend seulement dans ses actes la qualité de : Huissier près le Tribunal de..... Huissier de l'arrondissement de.....

Ces mentions sont suffisantes et admises par la jurisprudence car elles satisfont aux prescriptions de la loi.

D. — *Mentions relatives au signifié*.

L'exploit doit contenir aussi les noms et demeure du
défendeur et l'on sait ce qu'il faut entendre par ces termes.
Depuis les lois du 18 octobre 1790, titre I, article 5, et du
10 juin 1793, section V, article 9, qui ont abrogé, avec le
régime féodal les exceptions qui pouvaient exister sur ce
point au profit des Seigneurs, nul ne peut se faire assigner
dans la personne de ses agents comme cela se pratiquait
autrefois en Lorraine.

A la différence de ce qui a lieu pour le demandeur, la loi
n'exige pas la mention de la profession du défendeur. Le
projet de Code de procédure exigeait cependant cette énonciation, mais elle fut retranchée sur l'observation de la
Cour d'appel de Poitiers qui fit valoir qu'il serait souvent
difficile et même impossible au requérant de préciser la
profession de son adversaire.

Ce fut en vain que le tribunal demanda le rétablissement
de cette formalité, le retranchement fut maintenu.

E. — *Coût de l'acte*.

En vertu de l'article 67 du Code de procédure civile « les
huissiers sont tenus de mettre à la fin de l'original et de la

copie de l'exploit, le coût d'icelui à peine de 5 fr. d'amende payables au moment de l'enregistrement ».

Cette institution n'est pas nouvelle : instaurée par l'ordonnance de mai 1425, elle fut successivement maintenue par l'édit d'octobre 1485, l'ordonnance de mai 1579 et l'ordonnance d'avril 1667, qui disposait dans son titre II, article 5, que les huissiers et sergents étaient tenus d'indiquer au bas de l'original des exploits les sommes qu'ils avaient reçues pour leurs salaires, à peine de 20 livres d'amende.

Cette disposition a pour but, en premier lieu d'établir d'une manière précise avant que l'issue du procès ne soit connue le montant du coût de l'exploit qui sera à la charge de la partie condamnée aux dépens.

Elle a aussi pour objet, d'empêcher que l'huissier n'exige de la partie un droit supérieur à celui que lui alloue le tarif ; puisque s'il perçoit une somme plus considérable que celle qui lui est accordée, il tombe sous la censure du tribunal et sous le coup des poursuites du ministère public.

L'article 67 du Code de procédure est formel : l'huissier doit mentionner le coût de l'acte sur l'original et sur la copie ; aussi l'habitude prise par certains huissiers de ne mentionner à la fin de la copie que la somme due à raison de cette copie est-elle absolument contraire à la loi.

D'ailleurs, elle fait manquer en grande partie le but visé par l'article 67, car le signifié ne peut ainsi se rendre compte de la dépense occasionnée par l'exploit.

Le coût des actes comprend le montant des sommes dues

pour le salaire de l'huissier et pour les droits de timbre et d'enregistrement.

L'article 3 de la loi du 29 décembre 1873, exige que l'huissier indique encore à la suite du « coût » : 1° le nombre de feuilles de papier spécial employées tant pour la copie de l'original, que pour les copies de pièces ; 2° le montant des droits de timbre dus à raison de la dimension de ces feuilles.

Mais dans son coût, l'huissier doit-il faire entrer les frais de copies de pièces, particulièrement si celles-ci ont été faites par l'avoué ?

Certains huissiers ne les comprenaient pas dans le coût, mais ajoutaient après celui-ci la mention « non compris copies de pièces ».

Il semble bien que ce soit encore là une contravention à l'article 67, dont le but, ainsi ne serait pas encore atteint : c'est d'ailleurs l'opinion de M. Boucher d'Argis dans son *Dictionnaire raisonné* de la taxe en matière civile, p. 160.

D'après l'article 66 du tarif civil, les huissiers qui auront omis de mettre en bas de l'original et de chaque copie des actes de leur ministère, la mention « du coût d'icelui » pourront indépendamment de l'amende portée par l'article 67 du Code de procédure civile, être interdits de leurs fonctions sur la requisition d'office des procureurs de la République et des procureurs généraux.

Enfin, l'article 48 du décret du 14 juin 1813, a ajouté à l'obligation imposée aux huissiers par l'article 67 du Code de procédure, celle d'inscrire en marge de l'original le détail du coût de l'acte et le nombre des copies de pièces.

« Pour faciliter la taxe des frais, y est-il dit, les huissiers
« outre la mention qu'ils doivent faire au bas de l'original
« et de la copie de chaque acte, du montant de leurs droits,
« seront tenus d'indiquer en marge de l'original le nombre
« de rôles de copies de pièces, et d'y marquer de même le
« détail de tous les articles de frais formant le coût de l'acte ».

Il n'est pas permis aux huissiers, de faire aux parties des
concessions de droits ou d'émoluments, ayant pour but
de faire naître en leur faveur une préférence dont ils béné-
ficieraient à l'encontre des autres huissiers du canton. Il ne
doit y avoir, en effet, d'autre émulation entre les officiers
ministériels que celle du zèle, de la probité et de la capacité.
Or, il n'en serait pas ainsi, s'ils pouvaient réduire arbitrai-
rement le juste salaire que la loi leur accorde. Comme le
dit fort bien Dalloz, (V. Huissiers) « la rivalité s'établirait
alors sur des capitulations d'honoraires, et la faveur du
public serait le résultat d'une sorte d'adjudication au rabais.
Ces concessions sont donc réprouvées par la morale, et
contraires à l'ordre public ».

Il résulte de ceci que l'huissier qui ferait remise à un de
ses clients d'une partie de ses émoluments, encourt des
peines disciplinaires (Décision du Garde des Sceaux, 10 juin
1846). D'autre part, les traités passés entre les avoués et
les huissiers dans le but de modifier la quotité des émoluments qui leur sont attribués par leurs tarifs respectifs sont
nuls comme contraires à l'ordre public.

F. Signature de l'huissier

Ainsi que tous les actes authentiques, l'exploit doit être signé par l'huissier qui le rédige. Cependant cette formalité n'est pas prescrite par une disposition spéciale de la loi, mais, comme elle seule peut donner l'authenticité à l'acte fait par l'huissier, on tient pour non existant tout acte non signé. C'est d'ailleurs l'opinion de M. Chauveau, d'après lequel il n'y a pas d'acte jusqu'à ce que la signature de l'huissier y ait été apposée.

Cette opinion est aussi celle de la jurisprudence et, aux termes d'un arrêt de la Cour de Rennes du 30 mai 1838 « la signature de l'huissier instrumentaire est une formalité substantielle de tout exploit ».

Différents arrêts ont été rendus dans le même sens depuis cette époque et l'on admet que la nullité doit être prononcée quand bien même l'original serait signé, si la copie ne l'est pas (Cassation 25 mars 1891, D. P. 50-5-216).

D'ailleurs, sur ce point, la jurisprudence est très rigoureuse et Dalloz cite un jugement du 19 novembre 1828 (Dalloz V. Exploits n° 160) qui déclare nul un exploit pour cette raison que les caractères représentant la signature de l'huissier n'offraient avec celle-ci qu'une ressemblance fort imparfaite.

Un arrêt analogue a été rendu par la Cour de cassation le 21 juillet 1885 (S. 86-1-321) qui a annulé un exploit pour le motif qu'il était signé par un huissier autre que celui indiqué dans l'immatricule.

De plus la jurisprudence n'admet, en ce qui concerne la signature, aucun équipollent et les noms, demeure et immatricule de l'huissier ainsi que les signatures qu'il aurait pu apposer en marge pour approuver des surcharges, renvois ou ratures ne seraient pas admis à remplacer la signature qui doit se trouver au bas de l'acte. Le Tribunal civil de Chambéry a décidé, à cet égard (16 février 1888), que les signatures en question ne peuvent certifier l'authenticité de l'acte entier, mais seulement les surcharges et ratures.

G. — Visas.

Le visa est une formule écrite ou signée par un fonctionnaire ou un officier ministériel sur l'original d'un exploit, soit pour constater qu'il en a été reçu copie, soit pour autoriser une exécution.

Les articles 68 et 69 du Code de procédure civile indiquent la plupart des cas dans lesquels cette formalité est requise. L'article 70 ajoute que les prescriptions des deux articles précédents doivent être observées à peine de nullité.

Mais une jurisprudence à peu près constante exige en outre à peine de nullité pour le cas visé par l'article 68, c'est-à-dire lorsque l'huissier n'ayant trouvé au domicile ni la partie, ni aucun parent ou serviteur, délivre la copie au maire de la commune, non seulement que l'original porte le visa du maire mais encore que mention du visa soit faite dans la copie.

Elle ne montre pas au contraire la même sévérité dans les cas prévus par l'article 69 : en effet, le visa doit alors être donné précisément par celui auquel l'exploit s'adresse.

Il existe, en outre, un certain nombre d'actes soumis à la formalité du visa :

Ce sont d'abord : certains exploits faisant partie de la procédure de la saisie immobilière (articles 676, 677, 715, 699 du Code de procédure civile) puis la signification au greffier de l'exploit de demande en partage (article 967 du Code de procédure civile).

Il est à remarquer qu'en outre des formalités ordinairement requises, le visa dont il s'agit, doit énoncer les jour et heure de remise de l'exploit.

Enfin, quelques autres exploits visés par la loi du 22 frimaire, an VII, et le décret du 18 août 1807.

Indépendamment des différents cas dans lesquels la loi exige sous peine de nullité, l'apposition d'un visa sur l'original de l'exploit, il existe depuis 1892, une convention entre les notaires et les huissiers de Paris en vertu de laquelle les originaux des exploits de toute nature qui sont destinés, soit aux notaires eux-mêmes, soit à des tiers au domicile élu dans leurs études, sont soumis au visa des notaires. « Cette mesure, dit une circulaire du Président de la Chambre des notaires aux membres de sa compagnie, a pour but de rendre plus certaine la régularité des significations faites aux notaires et leur délivrance à des heures et dans des conditions normales. »

H. — Enregistrement.

La loi du 22 frimaire an VII a soumis les exploits comme tous les actes en général, à la formalité de l'enregistrement. Cette formalité a remplacé celle qui était exigée par l'édit de 1669, d'après lequel on devait insérer sommairement sur les registres publics les parties essentielles de l'exploit. Dans la pensée du rédacteur de l'édit, cette mesure avait pour objet d'attester que la signification avait été faite régulièrement. C'est actuellement une mesure simplement fiscale.

Les exploits sont soumis au droit fixe ou au droit proportionnel. Ceux qui sont soumis au droit fixe sont ceux qui ne contiennent ni obligation, ni libération, ni condamnation, ni collocation, ni liquidation de sommes ou de valeurs, ni transmission de propriété, d'usufruit ou de jouissance de biens meubles ou immeubles. Quant aux autres actes, ils sont soumis au droit proportionnel.

Aux termes de l'article 20 de la loi du 22 frimaire an VII, le délai dans lequel ces actes doivent être enregistrés est de 4 jours et l'article 34 de la même loi dispose que lorsqu'un huissier n'aura pas présenté à l'enregistrement les exploits ou procès-verbaux dans ce délai, il sera passible d'une amende de 25 francs et d'une somme égale au montant du droit de l'acte non enregistré.

Enfin, l'exploit ou le procès-verbal non enregistré dans le délai, est déclaré nul, et le contrevenant, c'est-à-dire l'huissier est rendu responsable de cette nullité envers la partie. Mais elle ne peut être prononcée que si l'une des parties la réclame.

I. — Répertoire

Le décret du 5 décembre 1794, a étendu à tous les huissiers l'obligation où se trouvaient seulement certains d'entre eux, tels que les huissiers du ressort du Parlement de Normandie ou ceux des Eaux et Forêts de tenir un répertoire sur papier timbré et sur lequel ils doivent inscrire par ordre chronologique tous leurs actes et exploits. Cette obligation a été maintenue par la loi du 22 frimaire an VII et par le décret du 14 juin 1813.

Un arrêt de la Cour de cassation du 4 décembre 1816 indique que le but de cette mesure est moins de prévenir les fraudes que d'assurer d'une manière invariable la date des actes, et faire ainsi servir une loi fiscale à l'intérêt de tous les citoyens.

Ce répertoire doit être présenté au visa du receveur d'enregistrement tous les trois mois, dans une période de 10 jours fixée par une circulaire du Ministre de la Justice et du 22 nivôse an XII.

Cependant, en vertu de la loi de Finances du 26 janvier 1892, qui a diminué ou supprimé un certain nombre de frais de justice, quelques exploits sont maintenant exonérés du droit de timbre (signification d'actes d'avoué à avoué par exemple).

Aussi, la même loi ordonne-t-elle aux huissiers de tenir sur un registre non timbré, un répertoire à colonnes de ces actes et exploits.

Ce répertoire doit être présenté au visa du receveur d'enregistrement six fois par mois et à jour fixe.

Les règles générales dont il vient d'être parlé s'appliquent à tous les exploits. Toutefois, il convient de mentionner une exception à cette règle. En effet, les exploits « dits actes du palais », par lesquels les avoués qui occupent dans une même cause, se signifient entre eux, par le ministère d'un huissier audiencier, les actes de procédure, sont dispensés de quelques-unes des formalités imposées aux autres exploits.

C'est ainsi que la jurisprudence admet qu'ils peuvent ne pas mentionner le nom de la partie à la requête de qui la signification est faite, le domicile de l'avoué et l'immatricule de l'huissier. Même la Cour de Bordeaux, par un arrêt du 25 août 1810 et la Cour de Nancy, par un arrêt du 16 mai 1834, ont décidé que le « parlant à » était inutile dans les actes d'avoué à avoué, mais, en général, cette doctrine n'a pas été admise.

C'est avec raison, semble-t-il, que la jurisprudence n'impose pas à ces actes toutes les formalités requises, à peine de nullité dans la confection des exploits, car par le fait de la connaissance que chacun des avoués occupant dans une cause a de la partie adverse, beaucoup de mentions deviennent inutiles et, par suite, ne répondent plus au but de la loi.

§ 3. — **De la remise de la copie des exploits**.

Les exploits étant faits, il est nécessaire qu'ils soient portés à la connaissance des personnes contre lesquelles ils sont dirigés. D'ailleurs l'adage « *paria sunt non esse et non significari* » indique bien qu'un exploit n'existe réellement qu'autant qu'il a été signifié.

On sait que depuis le Code de 1804, la loi fait aux huissiers une obligation stricte de rédiger leurs exploits par écrit. L'écriture est en effet requise non pas *ad probationem*, mais *ad solemnitatem actus*. Sa signification s'opère par la remise au défendeur de l'un des doubles de l'exploit.

Aux termes de la loi, cette formalité doit être remplie par l'huissier en personne, à certaines heures du jour et suivant certaines règles. Par suite, il faudrait déclarer nul l'exploit qui aurait été signifié par une personne sans qualité. C'est ce qui arrive, notamment quand l'huissier charge un de ses clercs de faire la signification. Cette nullité a d'ailleurs été expressément prévue par le décret du 14 juin 1813, qui dispose dans son article 45 « que tout huissier qui ne remettra pas lui-même, à personne ou à domicile, l'exploit et les copies de pièces qu'il aura été chargé de signifier, sera condamné par voie de police correctionnelle à une suspension de trois mois et à une amende qui ne pourra être inférieure à 200 francs, ni excéder 2.000 francs et aux dommages et intérêts qui pourront être accordés aux parties. »

Comme on le voit ces dispositions sont à la fois très précises et très rigoureuses.

De plus, s'il résulte de l'instruction qu'il a agi frauduleusement, il sera poursuivi criminellement et puni d'après l'article 146 du Code pénal.

Plusieurs arrêts ont été rendus en conformité de cet article 45 et il a été jugé que ses dispositions sont générales et qu'elles peuvent s'appliquer à tous les actes d'huissiers. D'autre part, l'huissier qui n'a pas requis en personne le visa ordonné pour la validité de certains actes, ainsi qu'il a été vu plus haut, est passible des peines portées à l'article 45 précité.

Cette doctrine est parfaitement en harmonie avec les principes généraux qui réglementent les fonctions d'huissier, car les ordonnances de 1356, 1498 et 1535, les arrêtés des 27 juin 1568 et 7 septembre 1654 avaient déclaré, non seulement, que les fonctions d'huissier n'étaient pas susceptibles d'être déléguées, mais encore qu'elles ne pouvaient être exercées par des clercs.

Cependant dans les grandes villes, et spécialement à Paris, l'usage s'est introduit de faire remettre les copies par les clercs, l'huissier n'intervenant que dans les cas particuliers qui lui paraissent nécessiter sa présence. Il est à remarquer qu'aucune disposition légale n'autorise les huissiers à agir ainsi : ils bénéficient simplement d'une tolérance du parquet qui ne les poursuit pas dans les .termes du décret de 1813.

Il s'ensuit que la personne à qui la copie d'un acte a été

remise dans ces conditions peut, malgré l'abstention du parquet, exercer contre l'huissier son action civile. Ceci résulte d'un arrêt de la Cour de cassation du 12 février 1878, qui décide « que la violation des devoirs professionnels peut, dans certains cas, ne pas provoquer l'exercice de l'action disciplinaire, mais que si elle a eu pour effet de porter préjudice à autrui, elle donne justement lieu à une instance civile en dommages-intérêts. »

Depuis quelque temps, et en raison de l'extension croissante du nombre des exploits qui, dans certaines villes, atteint pour quelques huissiers 700 à 800 par jour, au lendemain des échéances, il a semblé que les dispositions de l'article 45 du décret du 14 juin 1813 étaient trop rigoureuses. Ces dispositions ne peuvent pas être appliquées en fait et on a pensé qu'il serait préférable de substituer au régime de tolérance dont bénéficient actuellement les huissiers, une disposition formelle de la loi leur permettant de se faire suppléer par leurs clercs.

Dans ce sens, M. Mazeau a déposé au Sénat, le 20 décembre 1876, une proposition de loi tendant à autoriser la création de clercs ou commis assermentés qui, sous la responsabilité des huissiers auxquels ils seraient attachés, délivreraient les copies d'exploits, notifieraient toutes espèces de pièces, obtiendraient tous visas et accompliraient toutes formalités relatives aux protêts.

Cette création serait évidemment justifiée et elle répondrait à une nécessité unanimement reconnue.

Le projet dont s'agit a été depuis plusieurs fois repris,

mais cependant le législateur n'a encore pas cru devoir intervenir et les dispositions de l'article 45 du décret de 1813 subsistent dans leur entière intégrité.

La loi interdit aux huissiers de signifier les exploits à certains jours et passé certaines heures.

Aux termes des articles 63 et 103 du Code de procédure civile, les huissiers ne peuvent faire leurs significations aux jours fériés. D'après un arrêté du 20 germinal, an X, il faut entendre par là, non seulement les dimanches, mais encore les jours de fêtes légales prévues par le Concordat, c'est-à-dire Noël, l'Ascension, l'Assomption et la Toussaint. Il faut encore ajouter le 1er janvier (avis du Conseil d'État du 20 mars 1810), les lundi de Pâques et de la Pentecôte (loi du 20 mars 1882) et le 14 juillet (loi du 6 juillet 1880).

Cette prohibition faite aux huissiers d'instrumenter à certains jours, est rappelée par plusieurs textes spéciaux, comme les articles 781 et 808 du Code de procédure civile et les articles 134 et 162 du Code civil. Mais elle peut être levée dans certains cas par le président du tribunal. L'autorisation est alors donnée par une ordonnance qui est copiée en tête de l'exploit.

Le président du tribunal compétent pour accorder l'autorisation est, semble-t-il, le président du tribunal de l'arrondissement ou l'exploit est signifié. Cependant, quelques auteurs soutiennent que le président du tribunal compétent est celui du tribunal qui doit connaître de la cause. La première hypothèse paraît préférable car c'est généralement au dernier moment qu'on s'aperçoit de la nécessité de signifier un acte à un jour férié, et la faculté accordée à l'huissier, serait illusoire s'il devait s'adresser à un juge souvent très éloigné.

Enfin, aux jours non fériés, les huissiers ne peuvent instrumenter à toute heure. L'article 1037 du Code de procédure civile prescrit, en effet, qu'aucune signification ne pourra être faite, depuis le 1er octobre jusqu'au 31 mars, avant 6 heures du matin et après 6 heures du soir, et depuis le 1er avril jusqu'au 30 septembre, avant 4 heures du matin et après 9 heures du soir. Cependant les huissiers peuvent instrumenter pendant la nuit, mais sur une autorisation délivrée par le président du tribunal. Cette autorisation ne doit être accordée qu'à titre tout à fait exceptionnel, car, en vertu des dispositions de nos lois, il n'est pas permis de s'introduire au domicile d'un français pendant la nuit.

La sanction de ces dispositions consiste dans l'amende de 5 fr. à 100 fr. porté dans la seconde partie de l'article 1030 du Code de procédure civile.

Contre cette théorie, certains auteurs ont soutenu que la sanction des dispositions de l'article 1037 consistait dans la nullité de l'acte. Mais les nullités étant de droit étroit, et ne devant pas être prononcées, dans le silence de la loi, cette opinion doit être rejetée.

§ 4. — **Différents modes de signification.**

D'après les articles 68 et 69 du Code de procédure civile, les huissiers peuvent signifier les exploits à personne ou à domicile, ou dans un lieu qui remplace le domicile. Il importe d'examiner successivement ces deux modes de signification.

A. — *Signification à personne.*

L'obligation de signifier les exploits à personne ou à domicile, portée par l'article 68 du Code de procédure civile, est une obligation alternative. Il suit de là que l'exploit est valablement signifié s'il est remis à la personne contre laquelle il a été fait, ou bien à son domicile.

Toutefois, quelques auteurs ont soutenu que dans certains cas, la signification de l'exploit ne pouvait être valablement faite qu'à la personne. Il en serait ainsi, par exemple, pour les actes respectueux. Mais, cette théorie n'a pas été sanctionnée par la jurisprudence.

Cependant aux termes du nouvel article 247 du Code civil, il peut y avoir un intérêt pour le requérant à la signification à personne. En effet, si la signification d'un jugement rendu par défaut a été faite à la personne, le délai d'opposition n'est que d'un mois à partir de la signification tandis que dans le cas contraire, il est de 8 mois et ne court que du moment où les insertions ordonnées par ledit article 247 ont été faites.

D'autre part, la question se pose de savoir si un protêt faute d'acceptation ou faute de paiement, doit être signifié à personne ou à domicile. Dans un premier sens, on invoque l'article 173 du Code de procédure civile qui dispose que « le protêt doit être fait au domicile de celui sur qui la lettre de change était payable ou à son dernier domicile » pour soutenir que la signification doit être faite à domicile.

Dans un second sens, on soutient que ce texte ne permet pas de faire exception au principe général posé par l'article 68 du Code de procédure civile, qui laisse l'alternative entre la signification à la personne ou au domicile.

Dans l'état actuel de la législation la signification à personne peut être faite en quelque lieu que se trouve cette personne.

Il n'en était pas de même sous l'empire de la législation antérieure et l'ordonnance de 1667 contenait, à cet égard, des dispositions fort précises. Elle décidait dans son article 3, titre II, que les exploits ne pouvaient être valablement signifiés dans les églises, dans une procession, dans une salle d'audience des tribunaux, à la Bourse, ou pendant l'exercice des cérémonies religieuses et la tenue des audiences.

Il avait été question de transporter ces dispositions dans le Code de procédure et un article avait même été établi dans ce sens, mais il fut retranché lors de la discussion de la loi.

Actuellement les huissiers peuvent signifier les exploits à une personne partout où elle se trouve, pourvu qu'ils ne causent aucun scandale, auquel cas, ils seraient passibles de peines disciplinaires. En conformité avec cette théorie, un arrêt de la Cour de Riom a été rendu le 22 novembre 1820, qui a décidé qu'un exploit d'appel signifié à un individu trouvé en personne dans l'auditoire d'un tribunal est valable, attendu qu'aucune disposition de la loi n'en a prononcé la nullité.

B. — *Signification a domicile*

1. Généralités.

L'huissier peut encore ainsi qu'on l'a vu, signifier les exploits à domicile, c'est-à-dire qu'au lieu de remettre l'exploit à là personne, *in faciem*, il le laisse à domicile *ad domum*. Ce mode de signification est même plus généralement employé que le précédent car il est, à la fois, plus commode et plus pratique. Il offre l'avantage de permettre d'atteindre les personnes qui voudraient se soustraire volontairement à la signification en évitant la présence de l'huissier, et il libère celui-ci de l'obligation où il se trouverait de connaître personnellement les parties, ce qui serait pratiquement impossible dans les centres de quelque importance.

Les exploits doivent être signifiés au domicile réel du défendeur tel qu'il est précisé aux articles 102 et 109 du Code civil, car le mot « domicile » doit être entendu ici *stricto sensu*.

Par suite l'huissier ne peut signifier l'exploit à la résidence de la personne et ce principe n'a jamais été mis en doute par la jurisprudence, ainsi qu'en témoignent de

nombreux jugements et arrêts (Orléans, 5 août 1851 : D.
52-2-151. Paris, 5 mars 1861 ; D. 61-2-49. Riom, 21 novembre 1887, D. 90-2-38).

Il peut cependant arriver que l'huissier ait quelque peine
à distinguer le domicile réel de la résidence et, dans certains cas, il serait rigoureux de prononcer la nullité de
l'exploit. La loi l'a compris et c'est pourquoi elle a admis
qu'un exploit signifié au domicile apparent du défendeur
est valable lorsqu'aucune circonstance ne peut porter
l'huissier à croire que ce n'est pas le domicile réel.

Dans le même sens on a également admis qu'un exploit
signifié au domicile apparent est valable lorsque la copie a
été reçue sans observations à ce domicile (Tribunal civil de
la Seine, 29 juillet 1887).

D'autre part, lorsqu'il est constant qu'une partie possède
deux domiciles, on peut se demander si cette partie pourrait,
quant à la signification des actes, être censée avoir deux
domiciles.

L'article 102 du Code civil paraît avoir introduit dans
notre droit le principe de l'unité de domicile, mais il n'en
est pas moins vrai qu'aujourd'hui encore, si une partie a
plusieurs établissements pouvant être considérés comme
son domicile, l'huissier pourra signifier l'exploit à l'un
quelconque de ces domiciles, surtout si la partie n'a pas
fait connaître d'une manière explicite quel est son véritable
établissement.

Lorsque le domicile réel d'une personne est inconnu,
l'article 69 du Code de procédure autorise l'huissier à

signifier les exploits à la résidence. D'ailleurs, dans certains cas, cette signification s'impose : il en est ainsi, en particulier pour les étrangers, si on admet qu'ils ne peuvent acquérir de domicile en France sans l'autorisation du gouvernement.

Il peut arriver que pendant le cours d'une instance, la personne assignée vienne à changer de domicile ; on sait, en effet que rien ne l'empêche de le faire si elle est maîtresse de ses droits. Le changement a lieu par le seul fait de prendre une habitation réelle différente de la première avec l'intention d'y établir son principal établissement. (Article 403 Code civil).

Cette intention peut résulter, soit d'une déclaration expresse faite tant à la municipalité du lieu que l'on quitte, qu'à celle du lieu où l'on a transféré son domicile (art. 104), soit de différentes circonstances. (art 105).

Lorsque les formalités prescrites par les articles 103, 104 et 105 du Code civil ont été remplies, les exploits doivent être signifiés par l'huissier au nouveau domicile.

La jurisprudence est formelle à cet égard, ainsi qu'en témoignent divers jugements et, en particulier. un jugement du Tribunal de Nîmes du 3 mars 1808, qui décide qu'on ne peut plus assigner à son premier domicile celui qui, au prescrit de l'article 104 du Code civil a manifesté l'intention d'en changer, quand bien même il aurait quitté ce nouveau domicile.

De même la jurisprudence enseigne que lorsque pendant le cours d'une instance, une partie a notifié à son adversaire un changement de domicile, c'est à cette nouvelle habitation que doivent être signifiés désormais les exploits (Bourges, 15 mars 1823).

Lorsqu'une partie a fait élection de domicile, soit dans une convention, soit dans un acte extra-judiciaire, comme la loi l'exige aux articles 176 et 2148 du Code civil, ainsi qu'à l'article 61 du Code de procédure civile, il est incontestable que les exploits peuvent être signifiés par l'huissier à ce domicile élu. C'est là l'application pure et simple de l'article 111 du Code civil qui dispose que : « quand un acte contiendra de la part des parties, ou de l'une d'elles, élection de domicile pour l'exécution de ce même acte dans un autre lieu que le domicile réel, les significations, demandes, poursuites relatives à cet acte pourront être faites au domicile nouveau ». Toutefois, il faut ajouter que l'élection de domicile ne profite pas aux tiers et qu'elle ne dispense de signifier au domicile réel que les exploits relatifs à l'acte pour lequel a eu lieu la constitution.

Il faut d'ailleurs remarquer que si la partie a la faculté d'assigner au domicile élu, elle peut aussi faire les significations au domicile réel. Il est en effet, de principe, que l'élection de domicile est présumée faite dans l'intérêt de la partie qui ne la fait pas, et par suite, cette dernière est autorisée à faire signifier au domicile réel.

Il en serait autrement si l'élection de domicile était faite dans l'intérêt des deux parties (Cassation, 14 juin 1875. S. 76-1-172.)

Dans certains cas, l'exploit doit être obligatoirement signifié au domicile élu et il en est ainsi, par exemple, en vertu de l'article 261 du Code de procédure civile, aux termes duquel « la partie sera assignée pour être présente à l'enquête au domicile de son avoué, si celle-ci en a constitué, sinon à son domicile. »

2. Remise de la copie

Lorsque la copie de l'exploit n'est pas remise à la personne même contre qui il est dirigé, la loi s'occupe d'indiquer à quelles personnes cette copie peut être confiée pour qu'il y ait certitude que l'acte sera porté à la connaissance des intéressés. Cette indication a une grande importance car un acte n'a d'existence légale et ne saurait produire de résultats tant qu'il n'a pas été remis à la personne qu'il concerne.

Les articles 68 et 69 du Code de procédure civile s'occupent de cette question et leurs dispositions précises, sanctionnées par la nullité prévue à l'article 70, donnent toutes garanties contre les abus aujourd'hui oubliés des significations soufflées et toute assurance sur l'exactitude de la remise des exploits (Dalloz).

Aux termes de l'article 68 du Code de procédure civile « tous exploits seront faits à personne ou à domicile, mais si l'huissier ne trouve au domicile ni la partie, ni aucun de ses parents ou serviteurs, il remettra de suite la copie à un voisin qui signera l'original ; si ce voisin ne peut ou ne veut signer, l'huissier remettra la copie au maire ou adjoint de la commune, lequel visera l'original sans frais ».

Il est à remarquer que la loi n'exige pas que la personne à qui la copie est laissée soit majeure et jouisse de ses droits civils. La loi ne parle pas non plus de l'âge de la personne à qui la remise est faite, mais il est hors de doute que cette personne doit avoir atteint l'âge de raison et qu'elle soit capable de rendre compte de la gravité de l'acte dont on la rend dépositaire.

Il importe que l'huissier soit fixé sur l'âge que doit avoir une personne pour recevoir valablement la copie d'un exploit. Certains auteurs soutiennent que cette capacité existe dès la neuvième année, tandis que d'autres ne l'admettent qu'à la quinzième année, âge à partir duquel on est admis à déposer en justice ainsi que l'enseigne l'article 285 du Code de procédure.

Il semble qu'en cette matière, il est impossible d'assigner une limite précise à la capacité des personnes. L'ancien droit n'était, d'ailleurs, pas plus explicite que le Code de procédure et la disposition d'après laquelle « le sergent devait prendre garde diligeamment que l'exploit qu'il fait au domicile, le fut en parlant à une personne d'âge suffisant », n'indique pas à quel moment cet âge pouvait être jugé suffisant.

Aussi il faut décider que les tribunaux ont un pouvoir absolu de déclarer si la personne à laquelle la copie a été remise, était capable de la recevoir (Cassation, 6 décembre

1852 S. 53-1-176). Cette opinion s'appuie d'ailleurs sur plusieurs jugements.

1. Un jugement du Tribunal de Poitiers du 25 mai 1825, décidant que la copie était valablement remise à la fille de l'assigné, âgée de 13 ans.

2. Un arrêt de la Cour de Cassation du 6 décembre 1852 précité, décidant qu'il en est de même d'un exploit remis à un enfant de 9 ans, alors surtout qu'il est bien parvenu au défendeur.

3. Un jugement du tribunal de Montpellier du 27 décembre 1827 qui décide, au contraire « qu'un exploit remis à un enfant de 7 ans est nul quand bien même la copie en serait parvenue à l'assigné ».

A. — *Remise de la copie à un parent.* — Parmi les personnes qui peuvent recevoir la copie de l'exploit aux lieu et place de celui contre qui il est dirigé, la loi indique en premier lieu les parents de celui-ci. La question se pose immédiatement de savoir ce qu'il faut entendre par parents et s'il faut comprendre seulement sous cette dénomination fort générale les parents en ligne directe ou bien aussi les parents en ligne collatérale et même les parents par alliance.

La plupart des auteurs admettent à ce sujet qu'il faut entendre le mot « parents » dans un sens très large et que la nullité de l'exploit ne doit pas être prononcée si le parent a avec la partie des rapports suffisants pour faire présumer que la copie sera remise.

La jurisprudence décide que les parents ne peuvent recevoir la copie qu'au domicile de la partie et qu'en dehors de ce domicile, ils sont inhabiles à la recevoir (Montpellier, 3 décembre 1810. Toulouse 22 décembre 1830 S. 31-2-226.)

B. — Remise de la copie à un serviteur où à un voisin. — A défaut de la personne la copie peut encore être remise par l'huissier à un serviteur ou à un voisin. En ce qui concerne les serviteurs, il est à remarquer que l'expression « serviteurs » doit comme le mot « parents » être pris dans son sens le plus large, sans que, cependant on puisse le faire sortir de son acception naturelle.

D'après M. Boitard (tome I, n° 224), le mot « serviteurs » comprend tous ceux qui reçoivent un salaire du défendeur et qui habitent avec lui. Mais, encore cette dernière condition n'est pas rigoureusement nécessaire. Il suit de là que l'huissier peut valablement laisser la copie d'un exploit entre les mains d'un clerc de notaire ou d'avoué (Metz, 6 avril 1865, Cassation 2 mars 1880), d'un employé de commerce (Cassation 2 mars 1833, 22 février 1887), au jardinier d'une terre (Cassation, 26 mars 1882), à un salarié quelconque, à un secrétaire ou même à un concierge, car il est considéré comme le serviteur commun de tous les locataires de la maison. La jurisprudence va même plus loin et elle tend actuellement à assimiler aux serviteurs toux ceux qui peuvent avoir l'occasion de rendre des services à la partie.

Par contre, il a été jugé qu'on ne doit pas considérer comme serviteur le fermier d'une terre (Limoges, 23 mars

1841), le fondé de pouvoirs (Limoges, 19 août 1818), le propriétaire par rapport à ses locataires (Nancy, 7 juillet 1849), le locataire dans ses rapports avec le propriétaire (Colmar, 15 juin 1857), le maître par rapport à ses ouvriers (Nîmes, 5 avril 1808), la personne qui n'est ni une parente, ni un serviteur de la partie, mais qui s'est dite chargée de recevoir la copie (Cassation, 26 mai 1856). Aux termes de l'article 68 du Code de procédure civile, l'huissier qui ne trouve au domicile de la personne contre qui l'exploit est dirigé, ni celle-ci, ni un serviteur, peut le remettre valablement à un voisin « qui signera l'original ».

Cette règle n'existait pas dans l'ancien droit. A Rome, on attachait le libellé à la porte de l'assigné, et le même usage était consacré par l'ordonnance de 1667 qui y avait ajouté au titre II, article 4, l'obligation pour les huissiers de prévenir le plus proche voisin et de lui faire signer l'original. En cas de refus de celui-ci, l'huissier devait mentionner dans son exploit le refus de signature.

Ces formalités ont été modifiées avec raison par le Code de procédure. En effet, les huissiers déclaraient souvent avoir affiché la copie de l'exploit, et requis sans résultat la signature du plus proche voisin sans qu'en réalité, ils eussent pris la peine de se transporter au domicile de la partie.

Que faut-il entendre par le mot « voisins » et quelles personnes sont comprises dans cette expression ?

Par cette dénomination, on entend une personne établie dans un lieu dépendant du même corps de bâtiment, ou à

la distance la moins éloignée possible du domicile du défendeur. Il faut en effet, que les habitations soient assez rap-
prochées pour qu'on puisse présumer, sinon que les personnes se connaissent particulièrement, du moins qu'elles
ont la facilité de se voir et de se parler chaque jour et sans
difficultés.

L'huissier doit indiquer sur l'exploit la qualité de voisin,
ainsi qu'il résulte d'un jugement du Tribunal de Poitiers du
9 février 1830. De même, la jurisprudence tend à admettre
qu'il est nécessaire que l'huissier indique sur l'exploit le
nom du voisin, contrairement à ce qui a été jugé pour les
serviteurs et pour les parents.

Ainsi qu'il a été dit, le voisin doit, à peine de nullité de
l'exploit, signer l'original. Cette signature n'est apposée que
sur l'original, mais comme la copie tient lieu d'original à
celui qui la reçoit, l'huissier doit y mentionner que le voisin
a rempli les formalités exigées par la loi.

Du reste, l'article 68 du Code de procédure civile, dispose
expressément que l'huissier doit faire mention de tout,
tant sur l'original que sur la copie.

C. — Remise de la copie au maire. — Lorsque l'huissier
n'a pu signifier l'exploit, ni à la partie, ni à un de ses parents
ou serviteurs, ni à un voisin, il doit remettre la copie au
maire ou à l'adjoint de la commune qui viseront l'original
sans frais.

Il est à remarquer que l'huissier ne peut s'adresser au
maire ou à l'adjoint, que lorsque ses efforts pour remettre

la copie aux autres personnes antérieurement indiquées par l'article 68 du Code de procédure civile sont restés infructueux. En conséquence, tout exploit remis au maire sans que l'huissier mentionne une vaine tentative de remise à toutes ces personnes, devrait être annullé (Cassation, 12 novembre 1822, 2 avril 1889. Aix, 12 décembre 1839. Agen, 3 juillet 1873, etc.).

Le maire n'a pas, comme le voisin, la faculté de refuser de recevoir l'exploit et d'apposer son visa, car c'est pour lui une obligation qui lui est imposée en raison même des fonctions qu'il exerce.

L'article 68 du Code de procédure civile plaçant sur la même ligne le maire et l'adjoint, l'huissier peut laisser la copie de l'exploit à l'un d'eux indistinctement. En l'absence du maire et de l'adjoint, la copie doit être laissée au membre du Conseil municipal, le premier sur la liste, c'est-à-dire celui qui a réuni le plus de suffrages (loi du 21 mars 1831, argument d'une décision du Ministre de la Justice, du 6 juillet 1810, qui prescrit cette marche dans le cas de l'art. 676 du Code de procédure).

En cas d'absence du premier conseiller municipal, l'huissier ne peut s'adresser aux autres en suivant l'ordre du tableau bien qu'il semblerait logique de l'admettre. Mais à Paris et dans les grandes villes, il existe dans les mairies un employé spécial ayant pour fonction de recevoir les exploits. Il les fait ensuite viser par le maire et les rend le lendemain à l'huissier.

L'huissier doit faire viser l'original de l'exploit par le maire, l'adjoint ou le premier conseiller municipal qui reçoit la copie. Ce visa consiste le plus généralement dans la formule « vu et reçu copie » suivie de la signature.

Il n'existe d'ailleurs, en cette matière, aucune expression sacramentelle, et les équivalents pourraient fort bien être admis. L'absence du visa entraîne une amende pour l'huissier et la nullité de l'acte, lorsqu'il s'agit d'un exploit d'ajournement.

Enfin, l'huissier est obligé de mentionner sur l'acte, l'accomplissement des différentes formalités qui lui sont imposées par l'article 68 du Code de procédure, sous la sanction portée à l'article 70, c'est-à-dire, « à peine de nullité ». En vertu de ces textes, l'huissier doit toujours faire mention d'une manière nette et précise, de la personne à qui il parle, (parlant à) et du lieu où la remise de l'exploit est effectuée, puisque, sauf de rares exceptions, tout exploit doit être signifié à personne ou à domicile.

Comme conséquence des dispositions de l'article 70, il faut admettre la nullité de l'exploit dont « le parlant à... » aurait été laissé en blanc. Il en serait de même pour l'exploit dont « le parlant à... » de la copie désignerait une autre personne que celle du « parlant à... » de l'original.

Pour obéir au vœu de la loi, la mention du « parlant à... » doit être claire, précise et détaillée.

Il en résulte qu'un exploit laissé au domicile de la partie « parlant à une femme ou à un domestique » serait nul. Cette jurisprudence résulte d'un arrêt de la Cour de cassation du 28 août 1810, strictement conforme aux dispositions de la loi qui exige que l'huissier indique autant que possible le nom de la personne entre les mains de qui il remet la copie de l'exploit ou l'indication de ses rapports avec la partie : par exemple, « parlant au sieur... parlant à son neveu, parlant à une femme à son service ».

Souvent, l'huissier mentionne sur l'exploit que l'indication de la partie à qui la remise de l'acte a été faite est conforme aux déclarations de cette dernière.

A cet effet, il ajoute les mots « ainsi déclaré » qui lui permettent de se décharger de toute responsabilité dans le cas où la personne qui a reçu la copie n'aurait pas qualité pour la recevoir.

Il est à remarquer qu'en pratique les copies sont laissées le plus souvent entre les mains des concierges, domestiques voisins, etc...

Cette pratique présentait de graves inconvénients, car chacune de ces personnes pouvant prendre connaissance des dispositions de l'acte remis entre leurs mains, elles pouvaient s'en faire une arme contre la partie signifiée et divulguer l'objet de l'exploit.

Cette divulgation offrait les plus grands dangers, car elle portait une atteinte très souvent injustifiée contre l'honorabilité ou le crédit des personnes et pouvait avoir pour un commerçant des effets entièrement préjudiciables.

Aussi pour éviter ces abus, le législateur a-t-il décidé par une loi récente, du 15 février 1899, que les huissiers devraient désormais remettre leurs exploits sous pli cacheté.

SECTION II

DES ACTES JUDICIAIRES

§ 1. — **Les assignations, citations et ajournements**.

Une des fonctions les plus anciennes et les plus utiles de l'huissier est d'appeler devant les Tribunaux les personnes qui doivent y comparaître, soit pour y défendre à une action dirigée contre elles, soit pour déposer conmme témoin (Pothier, Procédure civile. Chap. 1ᵉʳ).

L'exploit par lequel une partie est appelée devant la justice prend le nom d'assignation.

Toutefois, on désigne communément par ajournement l'acte par lequel on assigne une partie devant un Tribunal civil ou un Tribunal de commerce et par citation l'exploit d'assignation devant un juge de paix, une chambre de discipline ou un conseil de prud'hommes.

L'assignation procède de ce principe, admis de tout temps dans le *jus naturale* que nul ne peut être condamné s'il n'a été mis en mesure ou en demeure de se défendre. C'est ce que les Romains exprimaient par la maxime « *Citatio, quoad defensionem, est juris naturalis, quia fit ut is cujus interest se défendat* ».

A. - *Historique.*

A Rome, le défendeur appelait son adversaire à comparaître devant le magistrat au moyen de l'*in jus vocatio* qui consistait dans une sommation verbale faite en termes solennels, adressée à son adversaire par le demandeur en personne. Ainsi appelé, le défendeur était obligé de suivre le demandeur, sinon, celui-ci pouvait vaincre sa résistance par la force et l'entraîner devant le magistrat *obtorto collo* (Plaute).

L'emploi de ces formes fut modifié dans la suite par le préteur qui corrigeant l'aspérité du droit primitif, interdit l'emploi de la violence. Puis, à partir de Marc-Aurèle, on mit en usage, à côté de l'*in jus vocatio*, la *litis denuntiatio* qui avait l'avantage de pouvoir être faite au défendeur absent.

Justinien fit disparaître ces pratiques, pour y substituer un système nouveau, celui du droit des Novelles, dont le principe a subsisté et qui s'applique encore de nos jours.

A la sommation verbale du demandeur, succède l'obligation de rédiger ou de faire rédiger par écrit le libellé de ses prétentions, de la faire notifier au demandeur avec sommation de comparaître en justice « *offeratur ei qui vocatur in judicium libellus* ». (Nov. 53, cap. 3).

Des officiers spéciaux étaient chargés de cette signification, c'étaient les *executores*. Celui qui recevait le libellé était obligé de le signer en faisant mention du jour ou il était remis et, à partir de cette époque, un délai de 20 jours lui était accordé pour préparer ses moyens de défense ou pour chercher les voies d'une transaction.

A l'époque de l'invasion franque, ces principes se modifièrent. Le demandeur se rendait, accompagné de plusieurs témoins, au domicile de celui qu'il voulait appeler devant la justice et lui faisait une sommation de comparaître à jour dit devant un juge déterminé. Cette sommation se nommait « *mannition* ». Si le défendeur ne comparaissait pas au jour dit une amende de *15 sous* lui était infligée et après quatre nouvelles sommations successives, ses biens étaient sequestrés et mis à la disposition du Roi.

Charlemagne fit un règlement sur cette procédure qui fut réformée par Saint Louis.

Dès cette époque l'ajournement prend le nom de semonce : il y est ordinairement procédé par des sergents, soit royaux à l'usage des nobles, soit ordinaires à l'usage des roturiers.

L'ajournement se faisait verbalement, de vive voix comme aux premiers temps de Rome, en présence de deux témoins ou recors qui accompagnaient le sergent afin de pouvoir en rendre témoignage de *visu* et *auditu*.

Plus tard, les assignations furent écrites et l'article 22 de l'ordonnance de 1539 imposa aux sergents comme condition de nomination de savoir lire et écrire.

Les dits ajournements et citations devaient contenir les conclusions et indiquer sommairement les moyens de la demande, à peine de nullité des exploits et de 20 livres d'amende contre les huissiers, sergents ou appariteurs. L'huissier devait se faire assister de deux recors mais cette mesure qui avait pour effet d'augmenter les frais de justice déjà fort élevés fut rapportée par un édit du mois d'août 1669. Les recors furent remplacés par la formalité du contrôle.

L'ordonnance de 1667 traçait, en outre les formes qui devaient être observées dans la confection des exploits en général, indiquait les énonciations qu'ils devaient contenir, ainsi que leur mode de signification. Cependant malgré le progrès indéniable réalisé par cette ordonnance sur l'ancienne procédure, elle laissait encore subsister, quant au mode d'assignation des parties devant les tribunaux un grand nombre d'exceptions et d'anomalies tenant à la diversité des juridictions et aux privilèges féodaux. C'était la conséquence du principe même de l'ancien régime qui faisait reposer l'édifice social sur l'inégalité et il fallut le puissant courant d'idées de la révolution pour rendre uniforme, la procédure de l'assignation.

Dès 1790, la loi des 7-11 septembre supprima les *Committimus* au grand et au petit sceau et tous les autres privilèges de judicature (Article 12).

Il en fut de même de l'usage des lettres royaux que les parties devaient solliciter de la bienveillance du roi afin d'être admises à introduire une action en justice en rescision d'un contrat par un emploi abusif de la vieille maxime « que les voies de nullité n'ont pas lieu de droit en France ».

A partir de cette époque, un certain nombre de lois et décrets vinrent réglementer la procédure de l'assignation, mais ce n'étaient là que des mesures transitoires qui devaient disparaître dès que le Code de procédure civile aurait établi définitivement la forme des exploits en général.

Depuis la loi du 11 septembre 1790 et contrairement à ce qui avait lieu sous l'empire de l'ordonnance de 1667, l'autorisation du juge n'est plus nécessaire pour pouvoir assigner une partie. Conformément aux articles 20 et 21 de cette loi, tout citoyen peut citer en justice qui bon lui semble et sans autorisation, sauf dans quelques cas particuliers introduits par le Code de procédure.

B. — Règles et mentions spéciales aux assignations.

Les huissiers, ont à remplir, en ce qui concerne les exploits d'assignation, un certain nombre de formalités qui sont communes à cette catégorie d'actes. Il n'existe pas en effet de différence bien tranchée, quant aux devoirs de l'huissier entre l'exploit d'appel, l'ajournement et la citation.

On a bien essayé, il est vrai, d'établir une distinction entre les formes de l'assignation devant un Tribunal d'appel et celles de l'assignation devant un Tribunal de première instance, mais une jurisprudence constante a assimilé ces deux sortes d'exploits, et les a soumis, l'un comme l'autre, à l'accomplissement des formalités prescrites, à peine de nullité par les articles 61 et 68 du Code de procédure civile.

Quant aux formes de la citation, elles sont aussi très peu différentes de celles de l'ajournement.

Aux termes de l'article 61 du Code de procédure civile,

les mentions que doit contenir tout exploit d'ajournement devant les tribunaux civils sont relatives à l'élection de domicile, à la constitution d'avoué, à la sommation faite au défendeur de comparaître devant le Tribunal qui doit connaître de la demande, à l'indication du délai pour comparaître et à l'indication de l'objet de la demande. Il importe d'examiner en quoi consiste le ministère de l'huissier dans chacun des cas où il doit intervenir.

1. *Constitution d'avoué.* — En ce qui concerne la constitution d'avoué, l'huissier doit mentionner dans l'exploit d'ajournement l'avoué désigné par le demandeur. Il ne peut pas se borner à indiquer que celui-ci a l'intention de constituer un avoué ou de faire des réserves sur cette constitution car dans ces deux cas, l'exploit serait nul, quand bien même l'huissier aurait pris soin de le compléter dans la suite. On doit assimiler à l'absence de constitution d'avoué le choix d'un avoué qui n'exerce plus ou d'une personne non revêtue de cette qualité.

Un jugement du Tribunal d'Agen, du 20 août 1872, (S. 72-2-240) décide même qu'il y a nullité de l'exploit d'ajournement, lorsque le nom indiqué, comme étant celui de l'avoué constitué, n'est celui d'aucun des avoués près la Cour.

Il peut arriver, et le cas se produit assez fréquemment dans la pratique, qu'un huissier mentionne sur l'exploit le nom d'un avoué décédé ou ayant cessé ses fonctions : Ceci arrive, en particulier, lorsque le demandeur demeure

assez loin de la ville, ou siège le Tribunal civil et que l'assignation est délivrée peu après la cessation des fonctions de
l'avoué. Dans ce cas particulier, il résulte de la jurisprudence que les tribunaux admettent le plus souvent, que
l'exploit est valable (Cassation, 16 mars 1836. Grenoble,
6 décembre 1811. Bordeaux, 20 mars 1824. Colmar,
17 mars 1836. Limoges, 20 juillet 1838. Toulouse, 28 juin
1884). Cependant il n'en est pas toujours ainsi, et divers
jugements ont été rendus dans le sens opposé.

Ainsi que divers auteurs l'ont fait remarquer avec raison,
les huissiers pourraient éviter cette nullité, en désignant
sur l'exploit l'avoué le plus ancien. De cette manière, il
suffirait à l'avoué de l'autre partie de consulter le tableau
pour savoir quel est l'avoué de son adversaire. Mais, ce
mode de procéder a l'inconvénient de s'accomoder mal avec
la pratique, car le plus souvent, le choix de l'avoué est fait
par le demandeur lui-même, et il n'est pas loisible à l'huissier de requérir les offices d'un avoué indéterminé.

En ce qui concerne les constitutions d'avoué, les huissiers
n'ont à employer aucune expression sacramentelle. Il faut
seulement, et il suffit qu'aucun doute ne soit possible sur
l'identité de l'officier ministériel et sur le mandat qui lui est
confié (Bordeaux, 8 juin 1831, S. 31-2-236).

2. *Sommation de comparaître devant le tribunal qui
doit connaître de la demande.* — Le paragraphe 4 de
l'article 61 du Code de procédure civile qui dispose que
« l'exploit d'ajournement contiendra l'indication du tribunal

qui doit connaître de la demande... à peine de nullité »,
impose à l'huissier une double obligation. En effet, celui-ci
doit sommer sous une forme quelconque, le défendeur de
comparaître et, en second lieu, lui indiquer devant quelle
juridiction il doit comparaître.

La première de ces formalités a paru si évidente au législateur, qu'il n'a pas cru nécessaire de la faire figurer dans le
Code. Quant à la seconde, elle a été pendant fort longtemps
écarté de nos lois, car aucun texte législatif avant 1790,
pas même l'Ordonnance de 1667, n'avait déclaré, par une
disposition formelle, que l'exploit indiquerait le tribunal
devant lequel le défendeur devrait comparaître. Toutefois, il
convient d'ajouter que longtemps auparavant, la jurisprudence avait fait entrer dans la pratique une disposition que
la loi n'avait pas édictée, et c'est cette disposition que le
Code de procédure civile a sanctionnée.

Pour se conformer à l'esprit de la loi, l'huissier doit indiquer sur l'exploit, si le tribunal devant lequel le défendeur
est appelé est une Cour d'appel, un Tribunal de première
instance, un Tribunal de Commerce, ou un Conseil de pré-
fecture, ainsi que le lieu dans lequel siège le tribunal.

Il suit de là que l'exploit qui se bornerait à assigner une
personne devant le tribunal compétent, ne remplirait pas
le vœu de la loi, et devrait être déclaré nul. On objecte
contre cette théorie que la loi a établi des règles de compétence que nul n'est censé ignorer, mais cette opinion est
fort contestable, attendu qu'il est parfois fort difficile de

déterminer entre plusieurs tribunaux, quel est celui qui a réellement compétence.

3. *Indications du délai pour comparaître.* — L'article 61, § 4 du Code de procédure civile, décide *in fine* que l'huissier devra mentionner sur l'exploit d'ajournement, l'indication du délai pour comparaître. Cette disposition est plus ancienne que la précédente, puisqu'elle figurait déjà dans l'Ordonnance de 1667, où elle résultait implicitement du titre III, « des délais sur les assignations ».

Cette obligation imposée à l'huissier a une réelle importance pratique, et surtout en ce qui concerne les citations devant les juges de paix. En effet, si l'exploit d'ajournement ne fixait pas le jour précis de la comparution, les parties ne pourraient se rencontrer et s'expliquer contradictoirement devant le juge, ce qui est le seul moyen pour lui, de se prononcer en connaissance de cause.

L'huissier n'est pas obligé d'assigner la partie à jour fixe et l'on admet en général qu'il peut employer des expressions équivalentes. Par exemple, l'assignation devant un Tribunal' civil, devant être donnée à huitaine franche, il suffit à l'huissier d'indiquer au défendeur qu'il doit comparaître dans le susdit délai de huitaine franche.

D'ailleurs, l'indication du délai se fait ordinairement, non pas en désignant le jour de la comparution par son nom, ainsi que le quantième du mois, mais seulement en faisant connaître le nombre de jours dont il se compose, par exemple d'aujourd'hui en huit jours.

Mais, d'autre part, il n'est pas contestable que l'exploit qui ne contiendrait l'indication d'aucun délai pour comparaître devrait être annulé. On arguerait vainement de ce fait que le silence de l'exploit constitue un renvoi à la loi. L'article 61 est formel ; il exige une mention du délai et si l'on a admis dans une large mesure des équivalents, on ne peut hésiter à prononcer la nullité lorsque la mention a été purement et simplement omise.

Il faudrait assimiler à ce cas celui où la mention du délai ne serait pas lisible. Il en serait encore de même d'après un arrêt de la Cour de Cassation du 4 avril 1838 (S. 38-1-669), dans le cas ou il y aurait contradiction entre le quantième du mois, et le jour de la semaine indiquée. Cependant, la cour de Bruxelles dans un arrêt du 16 février 1816 avait précédemment admis que, dans le cas où l'huissier aurait commis une erreur de ce genre en rédigeant l'exploit, la nullité ne devrait pas être prononcée, s'il résultait des circonstances de la cause que l'assigné avait été suffisamment instruit du jour où il était appelé en justice.

Lorsque l'assignation est donnée pour un quantième déterminé, il peut arriver que l'huissier commette une erreur et fixe, soit un délai plus long que celui imparti par la loi, soit un délai plus court.

Dans le premier cas, la plupart des auteurs admettent que l'assignation est régulière et qu'elle ne doit pas être annulée. Les mêmes auteurs professent l'opinion contraire dans le cas ou l'assignation a prévu un délai plus court que celui de la loi.

Mais cette solution ne peut être exprimée en termes absolus et il faut distinguer si le défendeur a comparu ou s'il n'a pas comparu au jour fixé dans l'acte. S'il comparaît, il pourra demander une prolongation de délai qui devra lui être accordée : mais c'est là une faculté à laquelle il est libre de renoncer. Au contraire s'il ne comparaît pas, le juge doit ordonner qu'il sera réassigné et condamner le demandeur aux frais de la première assignation ; et l'article 5 du Code de la procédure civile qui le règle ainsi pour les justices de paix doit s'appliquer ici sans obstacle.

Lorsque l'assignation est donnée à un certain délai de date, il peut arriver que le jour ou le défendeur est assigné tombe un jour férié. Dans ce cas, l'assignation est-elle régulière ? La question n'a pas été résolue d'une manière positive, mais on incline généralement à penser que si le Tribunal ne tient pas d'audience au jour de l'assignation, celle-ci doit être reportée au lendemain ou à la plus prochaine audience.

4. *Indication de l'objet de la demande et exposé sommaire des moyens.* — Aux termes de l'article 61 du Code de procédure civile, l'exploit d'ajournement doit contenir à peine de nullité « l'objet de la demande et l'exposé sommaire des moyens ». Cette disposition existait déjà à l'article 1, du titre II de l'ordonnance de 1667 qui l'avait elle-même empruntée à la déclaration de 1539.

L'objet de la demande et l'exposé sommaire des moyens constituent ce qu'on appelle le libellé qui réunit en un seul les deux actes du droit romain connus sous le nom de *vocatio in jus et dedictio actionis*.

Cette disposition de l'article 61 du Code de procédure civile se comprend facilement, car il tombe sous le sens qu'un exploit doit faire connaître ce pourquoi il a été fait. Ainsi, une signification ou l'huissier ne dirait pas ce qu'il signifie, un commandement où il ne donnerait pas injonction de payer et n'indiquerait pas la somme à payer seraient dépourvus de sens et, par suite de valeur.

A côté de l'objet de la demande, l'huissier doit énoncer dans l'exploit, l'exposé sommaire des moyens sur lesquels s'appuie le demandeur. Le mot « sommaire » inséré dans le texte indique que l'indication dont il s'agit doit être faite d'une manière concise, mais ceci n'empêche pas qu'elle doit être aussi claire et aussi complète que possible. C'était là l'esprit de l'ordonnance de 1667 et, antérieurement à cette ordonnance, on avait si bien senti les dangers d'une exposition trop brève des moyens du demandeur qu'Henri IV aurait voulu « que l'exploit contint d'une manière tellement générale, les moyens du demandeur, que celui-ci n'aurait plus été reçu après cela qu'à répondre aux allégations du défendeur ».

En ce qui concerne l'objet de la demande, l'huissier doit formuler dans l'exploit les conclusions du défendeur. Les conclusions ne sont pas, le plus souvent définitives ; elles peuvent, au cours de l'instance, être modifiées ou complétées. Mais il n'en est pas moins vrai qu'elles ont cependant une certaine valeur, puisque le juge peut rejeter les conclusions tendant à modifier ou à compléter la demande et que, d'autre part, l'exploit introductif d'instance qui ne formule pas de conclusions précises peut être annulé. Il y a pour le juge une question d'appréciation soumise à son pouvoir discrétionnaire.

Quant à l'indication des moyens de la demande, l'huissier n'est pas tenu de les exposer dans l'exploit, même sommairement, lorsque la cause de l'action résulte de la loi, comme par exemple, dans les demandes en partage, ou les demandes tendant à l'obtention d'une pension alimentaire dans les termes des articles 205 et 825 du Code civil (GARSONNET. Tome II. N° 247).

Enfin il convient de remarquer que dans tous les cas où l'ajournement doit être précédé d'un préliminaire de conciliation, l'huissier doit joindre à l'exploit une copie de la pièce établissant que cette tentative a eu lieu. Cette disposition a été introduite par le législateur afin d'obliger les plaideurs dans tous les cas où la loi l'indique à recourir aux juges de paix avant de soumettre leurs litiges à la compétence des Tribunaux civils.

C. — Formalités spéciales aux citations devant les juges de paix.

A peu de chose près, les huissiers doivent observer les mêmes règles pour les citations devant les juges de paix que pour les assignations devant les Tribunaux civils de première instance ou pour les actes d'appel.

Toutefois il importe de remarquer que l'article 4 du Code de procédure civile introduit, par ses dispositions, une différence assez sensible entre les exploits, en général les citations. En effet, cet article dispose que lorsque l'huissier ne trouve personne au domicile, il n'est pas tenu de remettre la copie à un voisin, avant de la remettre au maire, tandis que le contraire a lieu pour les autres exploits.

On admet cependant que la signification étant faite à un voisin, il n'y aurait aucune irrégularité et dans la pratique ; on procède parfois ainsi lorsque le voisin consent à recevoir la copie destinée au défendeur ; il prend ainsi implicitement l'engagement de la faire parvenir sous sa responsabilité à la personne intéressée.

Le maire au contraire, par cela même qu'il est obligé d'accepter la copie, ne prend personnellement aucun engagement de la faire parvenir à destination. D'ailleurs cette obligation ne lui est imposée par aucune loi, et c'est au défendeur de s'enquérir des copies, qui peuvent se trouver pour son compte dans les bureaux de la mairie.

Les citations doivent être rédigées dans une forme beaucoup plus simple que les autres exploits bien qu'ils doivent contenir à peu près les mêmes mentions. Aux termes de l'article 52 du Code de procédure civile, il suffit qu'ils énoncent d'une manière sommaire l'objet de la conciliation et tout autre formalité peut être considérée comme inutile.

Avant la loi du 25 mai 1838 (art. 16) les citations en justice de paix ne pouvaient être faites et signifiées que par certains huissiers du canton spécialement attachés à cette juridiction. Mais la loi de 1838 a décidé, qu'à l'avenir tous les huissiers du canton, pourraient faire les citations et autres actes relatifs à la juridiction des juges de paix. Si la citation était faite et signifiée par un huissier d'un autre canton, mais cependant de l'arrondissement dans lequel se trouve la justice de paix, la citation ne serait pas nulle, mais aux termes de la loi du 27 mars 1791 l'huissier encourrait une amende de 6 francs.

§ 2. — Des voies d'exécution.

Les voies d'exécution consistent dans les moyens qui ont été mis par la loi à la disposition des créanciers pour leur permettre de contraindre leurs débiteurs à tenir les engagements qu'ils ont pris et à les désintéresser.

Il est à remarquer qu'en cette matière, le rôle de l'huissier est double. En effet, il doit en premier lieu, accomplir certains actes en vue de forcer à s'exécuter le débiteur récalcitrant ; en second lieu, il a l'obligation de rédiger un procès-verbal dans lequel il relate tous les actes qu'il a accomplis.

Toute saisie étant précédée d'un commandement de payer, il importe d'examiner dès maintenant en quoi consiste cet acte.

A. — *Du commandement.*

En général tout acte d'exécution doit être précédé d'un commandement. Ce principe s'applique à toutes celles des saisies qui constituent des voies d'exécution forcée telles que la saisie-exécution (art. 583 du Code de procédure civile), la saisie immobilière (article 573- § 4), la saisie des navires (article 579 du Code de Commerce), la saisie brandon (art. 626 et suivants du Code de procédure) et la saisie des rentes (art. 636 et suivants du Code de procédure) ainsi qu'à la contrainte par corps dans les cas où elle est encore autorisée (Lois des 22 juillet 1867 et 19 décembre 1871).

Par contre, le commandement ne s'étend pas aux saisies foraines, aux saisies conservatoires et aux revendications qui ne sont que des mesures de précaution. Quant à la saisie-gagerie, elle doit être précédée d'une mise en demeure, mais c'est bien plutôt une sommation qu'un commandement (article 819 du Code de procédure).

Le commandement doit être signifié à la personne ou au domicile du débiteur. Le délai dans lequel doit être fait cette signification est d'un jour au moins pour la saisie-exécution, la saisie-gagerie et la saisie des rentes, et de trente jours pour la saisie immobilière. Il est soumis aux formalités communes à tous les exploits ; il doit énoncer la cause et le montant de la créance, et contenir la copie entière du titre exécutoire qui lui sert de base, si ce titre n'a pas été déjà signifié.

Même d'après l'article 673 du Code de procédure civile, une nouvelle signification est nécessaire, s'il s'agit d'une saisie immobilière.

Des règles particulières sont aussi imposées à l'huissier en ce qui concerne les commandements et ces règles varient

suivant la voie d'exécution à laquelle ils se réfèrent. Il en
est de même des délais que l'huissier doit observer entre le
commandement et la saisie ; ce délai varie de trente jours,
pour la saisie immobilière à cinq jours pour la contrainte
par corps et à un jour pour les autres saisies.

Dans l'ancien droit, le délai qui, aux termes de l'ordonnance royale de 1539, devait s'écouler entre le commandement et la saisie était de huit jours, mais on se rendit
bientôt compte qu'un délai aussi long présentait le grave
inconvénient de laisser au débiteur tout le temps nécessaire
pour se dérober à la saisie et c'est pourquoi, dans la pratique,
ce délai était considérablement réduit.

Le débiteur qui reçoit un commandement peut se libérer,
soit entre les mains du créancier, soit entre celles de l'huissier qui lui présente l'exploit.

Celui-ci étant porteur du titre exécutoire, il a le mandat
tacite de demander et de donner quittance, mais son mandat
cesse dès qu'il se trouve dessaisi des pièces. Il doit être fait
mention dans le commandement du paiement total ou par-
tiel et si le débiteur s'est complètement libéré il peut exiger
de l'huissier la remise du titre.

Enfin, aux termes de l'article 2244 du Code civil, le commandement est interruptif de prescription ; mais il résulte
des dispositions de l'article 1154 qu'il ne constitue pas une
véritable demande judiciaire et qu'il ne peut, dès lors, faire
courir à lui seul de nouveaux intérêts.

B. — De la saisie.

Après avoir fait commandement de payer au débiteur qui n'a pas tenu ses engagements ou qui ne veut pas s'exécuter, l'huissier peut, à l'expiration du délai requis, recourir contre celui-ci aux voies d'exécution. Ces voies d'exécution portent le nom générique de « saisie », mais elles diffèrent entre elles quant à l'objet et quand aux formes.

Les principales formes de saisie sont : la saisie-exécution, la saisie-brandon, la saisie-gagerie, la saisie immobilière et la saisie-arrêt.

1. *De la saisie-exécution.* — La saisie-exécution, par laquelle le créancier met sous les mains de justice les meubles corporels de son débiteur pour les faire vendre et se payer sur le prix, peut être pratiquée, aux termes de l'article 551 du Code de procédure civile, par toute personne ayant une créance liquide, certaine, exigible et porteur d'un titre exécutoire.

De tout temps, la saisie-exécution a été considérée comme l'un des moyens les plus efficaces de contraindre les débiteurs à exécuter leurs engagements. Aussi, a-t-elle été pratiquée à toutes les époques de l'histoire du droit.

Pendant longtemps, elle a donné lieu à des procédures fort différentes, mais qui furent unifiées par plusieurs ordonnances royales et, en particulier, par celles de 1539 et de 1667. Divers édits vinrent aussi réglementer la matière et interdire la saisie dans un grand nombre de cas, par exemple, dans tous les cas, ou elle aurait eu pour effet de ne plus permettre aux exploitants d'une industrie, d'en continuer l'exercice. Il est en effet, illogique, de demander à un débiteur de tenir ses engagements, si on le prive de ses moyens d'existence et c'est pour empêcher cet abus, qui se produisait fréquemment, que sont intervenus les textes précités.

La saisie-exécution s'applique, d'une manière générale, à tous les objets mobiliers corporels appartenant au débiteur. Cependant le paragraphe 2 de l'article 592 du Code de procédure civile déclare insaisissables un certain nombre d'objets, par exemple, le coucher nécessaire aux saisis et à leurs enfants, les habits dont les saisis sont vêtus ou couverts, les équipements militaires suivant l'ordonnance et le grade, les décorations et médailles militaires, les vases et ornements nécessaires au service du culte, les manuscrits qui sont l'œuvre du débiteur, les ébauches ou dessins d'un artiste, les navires qui sont sur la mer.

D'autres objets ne peuvent être saisis que pour certaines créances et particulièrement pour aliments fournis à la partie saisie ou sommes dues aux fabricants ou vendeurs des dits objets ; le sont encore les livres relatifs à la profession du saisi jusqu'à concurrence d'une somme de 300 francs, les machines et instruments servant à l'enseignement pratique pour la même somme, les outils des artisans lorsqu'ils sont nécessaires à leurs occupations personnelles, les farines et menues denrées nécessaires à la consommation du saisi et de sa famille pendant un mois, etc.....

Formes de la saisie-exécution. — L'huissier ne peut procéder à la saisie qu'un jour au moins après avoir adressé le commandement. De l'avis de la plupart des auteurs, ce délai est un délai franc.

La saisie ne peut être pratiquée que par un huissier et l'article 173 du Code forestier, qui permet aux gardes forestiers de signifier les exploits lancés par leur administration, leur interdit formellement de procéder aux saisies-exécutions.

L'huissier doit d'ailleurs avoir la compétence territoriale requise et aucun huissier ne peut saisir hors de son ressort, alors même que le Tribunal l'aurait commis pour signifier le jugement en vertu duquel le créancier a le droit de saisir. (Paris, le 4 janvier 1834).

L'huissier doit se présenter au lieu de la saisie, à l'heure où il est permis de procéder aux voies d'exécution. Il doit être accompagné de deux témoins ou recors qui, aux termes de l'article 585 du Code de procédure, doivent être français. Les témoins ne peuvent être ni parents, ni alliés des parties ou de l'huissier jusqu'au degré de cousin issu de germain inclusivement, ni leur domestique. Il suit de là que les clercs d'huissier étant considérés par la jurisprudence comme des serviteurs auxquels la copie d'un exploit peut être remise, ne peuvent servir de témoins.

L'huissier se présente ainsi au domicile du débiteur, fait

ouvrir de gré ou de force les portes de l'habitation et fait un nouveau commandement au débiteur avant de procéder à la saisie. Lorsque cet itératif commandement est demeuré infructueux, l'huissier peut procéder à la saisie proprement dite.

D'après l'article 599 du Code de procédure civile, la saisie se fait sans rien déplacer et consiste uniquement dans la rédaction d'un procès-verbal. Ce procès-verbal doit être fait *uno contextu* sur le lieu même de la saisie, et non ailleurs d'après les notes que l'huissier aurait prises. Lorsque l'opération doit durer plus d'un jour, la saisie peut être interrompue et remise au lendemain.

Les objets saisis doivent être placés sous la surveillance d'un gardien.

La mission de ce gardien consiste, d'une part, à veiller à la conservation des objets saisis et des scellés, dans le cas où il en a été apposé, et, d'autre part, à empêcher que nul ne déplace les objets saisis. L'établissement de ce gardien est d'ailleurs requis à peine de nullité.

Le procès-verbal de saisie est fait et signifié par l'huissier dans la forme ordinaire des exploits. Celui-ci doit, par conséquent, y mentionner la date, l'immatricule, la désignation des parties, la remise au parlant à..., etc.

D'après l'article 601 du Code de procédure civile, une copie de ce procès-verbal doit être laissée au saisi, si la saisie a lieu à son domicile. Aux termes de l'article 602, si la saisie est faite hors du domicile et en l'absence du saisi, copie lui sera notifiée le jour même, si la distance est

moindre de cinq myriamètres. Les significations prescrites par les articles 601 et 602 sont requises à peine de nullité.

Indépendamment des formalités communes à tous les exploits, l'huissier doit aussi faire mention dans le procès-verbal de saisie de l'énonciation des noms, profession et demeure des témoins (article 585 du Code de procédure), de l'itératif commandement et de la désignation détaillée des objets saisis. L'huissier n'est d'ailleurs pas tenu d'énumérer tous les objets saisis et une indication générale peut suffire pour les objets de même nature.

Enfin, il doit encore faire figurer dans l'acte, la mention de l'établissement d'un gardien et le détail des objets, qui en qualité d'insaisissables n'ont pas été saisis.

L'original du procès-verbal de saisie doit être signé par l'huissier, les témoins et les personnes requises pour l'ouverture des portes.

D'après l'article 599 du Code de procédure l'original doit aussi, à peine de nullité, être signé par le gardien et si celui-ci ne savait pas signer, il devrait en être fait mention.

Dans le délai de 8 jours qui suit la signification du procès-verbal, il peut être procédé à la vente des meubles du saisi. Cette vente s'effectue dans les formes prescrites par les articles 617 et 621 du Code de procédure. Il y est procédé par les commissaires-priseurs dans toutes les villes où il en existe, car c'est à ces officiers ministériels qu'est attribué le monopole des ventes sur saisie. Les huissiers n'ont en général, pas qualité, pour procéder aux ventes faites par autorité de justice (Garsonnet, tome III, page 636, note 7)

sauf dans le cas où il n'existerait pas de commissaires-priseurs.

2. *Saisie - brandon.* — Parmis les voies d'exécution
pour lesquelles les huissiers ont reçu compétence, il faut
encore citer la saisie-brandon qui a pour effet de mettre à
la disposition du créancier les fruits pendant par la racine.

Les formes de la saisie-brandon sont indiquées aux articles 626 et suivants du Code de procédure.

Elle se rapproche de la saisie-exécution en ce sens qu'il
ne peut y être procédé qu'en vertu d'un titre exécutoire et
qu'elle doit être précédée d'un commandement. Mais elle en
diffère, d'autre part, en ce qu'elle est seulement possible
pendant une certaine période. En effet aux termes de l'article 626 du Code de procédure civile, la saisie-brandon ne
peut être faite que dans les six semaines qui précèdent
l'époque ordinaire de la maturité des fruits.

3. *Saisie immobilière.* — La saisie immobilière a pour
objet la vente forcée des biens immobiliers du débiteur en
tant qu'ils rentrent dans les catégories indiquées à l'article 2204 du Code civil.

Cet article n'est d'ailleurs que le corollaire de l'article 2118
qui indique quels sont les biens susceptibles d'hypothèque.

Cette saisie doit avoir pour préliminaire obligatoire
un commandement de payer, fait à la diligence et requête
du créancier, à la personne du débiteur ou à son domicile,
par le ministère d'un huissier. Les dispositions dont il s'agit
sont complétées par celles de l'article 673 du Code de pro-

cédure, qui indique dans quelles formes ce commandement doit être fait par l'huissier.

Indépendamment des formalités communément imposées aux exploits, l'huissier doit se conformer, dans la confection du commandement antérieur à la saisie immobilière, à certaines formalités spéciales. C'est ainsi, que cet acte doit mentionner : *a)* la copie du titre en vertu duquel il est fait, *b)* l'énonciation que faute de paiement, il sera procédé à la saisie, *c)* élection de domicile dans le lieu où siège le tribunal compétent pour en connaître.

Il importe de remarquer que l'obligation pour l'huissier, de mentionner sur le commandement la copie du titre en vertu duquel est fait ce commandement, s'applique au titre qui sert de fondement à la créance et non pas à celui des actes qui donne qualité au poursuivant. Ainsi décide la jurisprudence, et un grand nombre d'arrêts ont été rendus dans ce sens.

Le commandement doit, en second lieu, énoncer que, faute de paiement, il sera procédé à la saisie des immeubles du débiteur. Cette indication peut être formulée en termes généraux sans qu'il soit nécessaire pour l'huissier de désigner spécialement les immeubles que le créancier se propose de saisir.

Enfin, le commandement doit encore contenir élection de domicile dans le lieu où siège le Tribunal qui devra connaître de la saisie si le créancier n'y demeure pas. Le lieu ou doit être faite l'élection de domicile ne comprend que la ville même où siège le Tribunal et, d'après un arrêt du Tribunal de Bordeaux, du 23 mai 1846 (S. 47-2-93), on ne saurait choisir une autre localité de l'arrondissement.

L'huissier doit, au jour même où le commandement est signifié, faire viser l'exploit par le Maire du lieu. C'est là une formalité essentielle dont l'omission ou l'irrégularité entraînerait la nullité de l'exploit (Cassation, 17 avril 1893) le visa doit être porté sur l'original, mais il n'est pas nécessaire qu'il le soit sur la copie.

Le commandement n'est qu'un acte préliminaire de la saisie et, d'après l'article 674 du Code de procédure, un délai de 30 jours, au moins, doit s'écouler entre la signification de cet acte et la saisie elle-même. Toutefois, si l'huissier laisse s'écouler plus de 90 jours, entre le commandement et la saisie, il est tenu de reitérer le commandement en observant les jour et délai ci-dessus indiqués.

Aux termes de l'article 715 du Code de procédure civile, les délais prescrits par l'article 674 doivent être observés à peine de nullité. Ainsi, dans le cas ou un procès-verbal de saisie serait dressé avant les 30 jours indiqués par la loi, il serait frappé de nullité.

Formalités de la saisie. — Ainsi qu'il a été dit précédemment, la fonction de l'huissier, en ce qui concerne les saisies, est double : elle comprend d'abord la confection d'un procès-verbal de saisie, puis deux formalités qui sont la dénonciation du procès-verbal à la partie saisie et la transcription de ce procès-verbal au bureau des hypothèques.

Confection du procès-verbal. — Les mentions que doit contenir ce procès-verbal sont limitativement indiquées par l'article 675 du Code de procédure.

Ce texte dispose, en effet, que le procès-verbal de saisie contiendra, indépendemment de toutes les mentions imposées aux exploits en général ; 1° l'énonciation du titre exécutoire en vertu duquel la saisie est faite ; 2° la mention du transport de l'huissier sur les biens saisis ; 3° l'indication des biens saisis, savoir : Si c'est une maison, l'arrondissement, la commune, la rue, le numéro, s'il y a, et, dans le cas contraire, deux au moins des tenants et aboutissants, si ce sont des biens ruraux, la désignation des bâtiments quand il y en aura, la nature et la contenance approximative de chaque pièce, le nom du fermier, ou colon s'il y en a, l'arrondissement et la commune où les biens sont situés ; 4° la copie littérale de la mention du rôle de la contribution foncière pour les articles saisis ; 5° l'indication du tribunal où la saisie sera portée, et enfin, 6° la constitution d'avoué chez lequel le domicile du saisissant sera celui de droit.

L'article suivant du Code de procédure, décide, que le procès-verbal de saisie sera visé avant l'enregistrement par le maire de la commune dans laquelle est situé l'immeuble saisi, et si la saisie comprend des biens situés dans plusieurs communes, le visa doit être donné successivement par chacun des maires à la suite de la partie du procès-verbal relative aux biens situés dans sa commune.

Enfin, d'après l'article 556, la remise de l'acte ou du jugement à l'huissier vaut pouvoir pour toutes les exécutions autres que la saisie immobilière pour laquelle il est besoin d'un pouvoir spécial.

Toutes les formalités et mentions, indiquées aux articles 675, 676 et 556 du Code de procédure civile sont essentielles et leur omission entraînerait la nullité du procès-verbal.

Le procès-verbal de saisie doit être dénoncé au saisi, afin de lui faire connaître que la menace contenue dans le commandement a été réalisée. Cette dénonciation est faite par l'huissier dans la forme ordinaire de tous les exploits : elle doit renfermer à peine de nullité la copie littérale du procès-verbal de saisie. Elle doit être signifiée au domicile légal de la personne à qui elle est faite.

Enfin la transcription de la saisie doit s'effectuer dans les formes indiquées à l'article 678 du Code de procédure, aux termes duquel, la « saisie immobilière et l'exploit de dénonciation seront transcrits, au plus tard, dans les quinze jours qui suivront celui de la dénonciation, sur le registre à ce destiné, au bureau des hypothèques de la situation des biens pour la partie des objets saisis qui se trouvent dans l'arrondissement ». Ces formalités et ce délai sont prescrits à peine de nullité.

Il est à remarquer que le nombre des saisies immobilières diminuerait dans une proportion très sensible, si comme on l'a plusieurs fois proposé, le législateur introduisait dans nos Codes une disposition analogue au « Home Stead » américain ; cette disposition, qui aurait pour effet de réduire considérablement en cette matière les cas où l'huissier peut instrumenter, a pour but de rendre insaisissable le foyer de famille. Par ce moyen un propriétaire vivant avec les siens dans une demeure qui lui appartient et exploitant lui-même le sol de son domaine, ne pourra plus, en cas d'insolvabilité être chassé de sa maison par la saisie et l'expulsion.

Diverses propositions de loi ont été déposées en ce sens, dans le courant de la dernière législature, mais aucune d'elles jusqu'ici n'a été adoptée. Il est à redouter, en effet, que bien qu'inspirée par des motifs très louables, une semblable mesure n'ait pour effet d'enlever tout crédit au petit propriétaire foncier. Or à notre époque de culture intensive, le crédit lui est plus que jamais nécessaire, et c'est par crainte de lui nuire en voulant trop le favoriser, que le législateur a repoussé jusqu'ici toute disposition, ayant pour effet de rendre insaisissable le foyer de famille.

5. *Saisie-arrêt.* — Il y a saisie-arrêt lorsqu'un créancier arrête entre les mains d'un tiers, les sommes ou effets mobiliers de son débiteur et obtient, par suite, du Tribunal la délivrance de ces sommes ou le prix de ces effets, jusqu'à concurrence de ce qui lui est dû.

En matière de saisie-arrêt, la compétence de l'huissier est assez limitée. Cela tient à ce fait que les créanciers et les titres, en vertu desquels on peut saisir-arrêter ne sont pas très nombreux, puisqu'ils doivent remplir certaines conditions nettement spécifiées par la loi, et qu'on ne peut en principe saisir-arrêter que des meubles saisissables, dont le saisi soit propriétaire ou créancier.

La procédure de la saisie-arrêt est indiquée aux articles 559 à 578 du Code de procédure. Elle comprend quatre périodes comportant :

1. La signification de l'exploit de saisie-arrêt au tiers saisi.

2. La dénonciation de cet exploit au saisi, la demande de validité de la saisie et le jugement de cette demande.

3. La contre-dénonciation de la demande au tiers saisi, assignation, déclaration affirmative et jugement de cette demande.

4. Attributions des valeurs saisies-arrêtées.

La procédure de saisie-arrêt relative aux salaires et traitements des ouvriers et employés, a été récemment modifiée par la loi du 12 janvier 1895.

Aux termes de l'article 6 de cette loi la saisie-arrêt sur les salaires et les appointements ou traitements ne dépassant pas annuellement 2.000 fr. ne peut être pratiquée, s'il y a titre « que sur le visa du greffier de la justice de Paix du domicile du débiteur saisi. » Au contraire, s'il n'y a pas de titre, la saisie ne peut être pratiquée qu'en vertu de l'autorisation du juge de paix du domicile du débiteur saisi. Avant d'accorder l'autorisation, le juge de paix peut, si les parties n'ont pas déjà été appelées en conciliation « convoquer devant lui, par simple avertissement le créancier et le débiteur et essayer de les concilier ».

L'exploit de saisie-arrêt doit contenir en tête l'extrait du titre, s'il y en a un, ainsi que la copie du visa et, à défaut du titre, copie de l'autorisation du juge.

D'après la loi du 12 janvier 1895, l'huissier saisissant est tenu de faire parvenir au juge de paix, dans le délai de 8 jours à partir de la saisie, l'original de l'exploit sous peine d'une amende de 10 fr. qui est prononcée par le juge en audience publique. Cet exploit doit être rédigé sur papier non timbré et est enregistré gratis.

Ces dispositions, très favorables au débiteur n'ont pas donné tous les résultats qu'on attendait et ont été remaniées en 1898.

SECTION III

DES ACTES EXTRA-JUDICIAIRES

Indépendamment du commandement qui, comme on l'a vu, est une formalité antérieure au procès-verbal de saisie, l'exercice du ministère de l'huissier donne lieu, dans un certain nombre de cas particuliers, à des actes extra-judiciaires dont les plus fréquents sont la sommation, la mise en demeure, les offres réelles, l'expulsion, les ventes aux enchères et les protêts.

Il importe d'examiner en quoi consiste pour ces différents actes, le ministère de l'huissier.

§ 1. — De la sommation

La sommation est l'acte par lequel l'huissier enjoint à une personne de faire quelque chose ou de s'en abstenir.

A proprement parler, la sommation diffère très peu du commandement qui n'est qu'une sommation préliminaire de l'exécution. Elle en diffère cependant, en ce qu'elle peut être faite en vertu d'un titre non exécutoire, et qu'elle n'interrompt pas la prescription.

Mais, quant aux formes, la sommation et le commandement ne diffèrent en aucun point des exploits en général, et les obligations auxquelles sont soumises les huissiers pour ces actes spéciaux, sont identiquement les mêmes qu'en ce qui concerne les significations.

L'huissier doit procéder par voie de sommation dans un grand nombre de cas. La loi l'a d'ailleurs prévu dans certaines hypothèses. C'est ainsi par exemple, qu'il est de principe dans notre droit que la résolution d'un contrat, ne peut être demandée contre une partie qui n'exécute pas ses engagements, qu'autant que cette partie a été mise en demeure par une sommation. Il en est encore de même dans le cas prévu à l'article 1938 du Code civil, aux termes duquel : « si le dépositaire découvre que la chose a été volée, et quel est son véritable propriétaire, il doit dénoncer à celui-ci le dépôt qui en a été fait avec sommation de la réclamer dans un délai déterminé et suffisant. »

§ 2 — **De la mise en demeure**.

Dans le droit romain, pour que le débiteur fut *in mora*, il fallait qu'une interpellation régulière lui fut adressée par le créancier. Cette *interpellatio* résultait de tout acte par lequel le créancier manifestait l'intention d'être payé : elle devait être faite après l'échéance et dans un endroit opportun « *opportuno tempore et loco* ». Il appartenait au juge, sur ce dernier point, de décider si l'*interpellatio* avait été régulièrement faite, et si par conséquent, il y avait *mora*.

Dans notre droit actuel, la mise en demeure consiste dans un retard dans l'exécution suivi d'une interpellation du créancier ou débiteur. Aux termes de l'article 1139 du Code civil, cette interpellation résulte d'une sommation ou d'un acte équivalent comme un commandement ou une demande en justice.

Il est à remarquer que, le plus ordinairement, la mise en demeure est en conséquence d'un acte extra-judiciaire. C'est d'ailleurs, en ceci que consiste principalement l'intervention de l'huissier dans les formalités.

§ 3. — **Des offres réelles**.

Les offres réelles sont la présentation aux créanciers de la chose due avec offres de la recevoir. Elles ont pour but de procurer au débiteur, malgré la résistance du créancier, une situation équivalente à celle qui résulterait pour lui d'un paiement proprement dit et de remplacer, ainsi que le dit M. Demolombe (Contrats et obligations, Tome V. n° 63) le paiement volontaire par le paiement forcé.

Aux termes du paragraphe 7 de l'article 1258 du Code civil, il faut, pour que les offres réelles soient valables, qu'elles soient faites par un officier ministériel ayant caractère pour ces sortes d'actes.

Il faut entendre par là tout officier public dont le ministère est requis pour l'exercice de la justice et qui, pour cette raison, ne peut pas le refuser. Il faut admettre, par suite, que ceux qui ont qualité pour faire des offres réelles sont les huissiers. En effet, les avoués ne faisant pas de sommations et restant étrangers à toute signification, et les greffiers se bornant à relater ce qui se passe à l'audience, il y a lieu de les écarter.

Les offres réelles peuvent être faites au cours d'une audience par acte d'avoué à avoué, mais, pour les offres faites en dehors de l'audience, il y a lieu à la confection d'un procès-verbal. C'est là une conséquence de l'article 1258 du Code civil, aux termes duquel les offres réelles doivent avoir lieu par le ministère d'un officier ministériel dont l'intervention a pour but de donner de l'authenticité aux offres elles-mêmes.

D'après l'article 812 du Code de procédure, l'huissier doit, dans la confection de ce procès-verbal, « désigner l'objet offert de manière à ce qu'on ne puisse y en substituer un autre, et, si ce sont des espèces, il en contiendra l'énumération et la qualité ». De plus, l'article 813 dispose que « le procès-verbal fera mention de la réponse, du refus ou de l'acceptation du créancier, et s'il a signé, refusé, ou déclaré ne savoir signer ».

Lorsque le créancier accepte les offres, l'huissier chargé de les présenter n'a qu'à effectuer le paiement et à retirer quittance des mains du débiteur. Il doit, dans ce cas laisser copie de son procès-verbal.

Si, au contraire, le créancier repousse les offres qui lui sont faites, l'huissier doit, pour se libérer, consigner la somme ou la chose offerte en observant les formalités prescrites par l'article 1259 du Code civil.

Les frais des offres réelles et de la conciliation sont à la charge du créancier si elles sont valables. Si le créancier refuse les offres réelles, les frais doivent rester à sa charge, mais il faut qu'il soit établi qu'il avait antérieurement refusé le paiement offert à l'amiable.

§ 4. — De l'expulsion.

L'expulsion consiste dans le fait, pour un propriétaire, de mettre un locataire hors des lieux loués. Il y est procédé, en particulier, lorsqu'un bail ayant pris fin, soit par l'expiration du temps fixé pour sa durée, soit par suite d'une signification de congé donnée par le propriétaire dans les délais fixés par l'usage, soit enfin par l'inexécution par le locataire de l'obligation de garnir les lieux loués de meubles suffisants pour garantir le loyer, le locataire se maintient ainsi sans droit dans les lieux loués.

Dans tous ces cas, il y a lieu à résolution de contrat au profit du propriétaire et à expulsion du locataire.

Il ne peut être procédé à l'expulsion du locataire d'un immeuble qu'en vertu d'une décision de justice, et c'est aux huissiers qu'incombe l'exécution de ces décisions.

La demande à fin d'expulsion doit être portée devant le juge de paix ou devant le Tribunal civil, suivant le montant de l'intérêt en cause. Puis, lorsque le bailleur a obtenu contre son locataire un jugement d'expulsion, il doit faire signifier à celui-ci, par ministère d'huissier, un commandement de vider les lieux dans un certain délai, sous peine d'être expulsé.

C'est seulement lorsque ce commandement est resté sans effet, que l'huissier procède à l'expulsion. Pour ce fait, il doit être assisté de deux témoins et doit observer toutes les règles imposées par le Code de procédure pour la saisie-gagerie.

§ 5. — **Vente aux enchères.**

Indépendamment des commissaires-priseurs, les huissiers, les notaires et les greffiers ont encore qualité pour procéder aux ventes de meubles, mais seulement quand il n'existe pas de commissaires-priseurs dans l'endroit où doit avoir lieu la vente.

Mais tandis que le tarif des émoluments auxquels ont

droit les commissaires-priseurs est fixée par la loi du 18 juin 1843, le tarif applicable aux autres officiers ministériels effectuant une vente de meubles est celui établi par le décret du 16 février 1807. C'est du moins ainsi qu'en a décidé la jurisprudence (Cassation 30 mai 1854 S. 54-1-758; 25 juillet 1871, S. 71-1-102).

Toutefois, ces disposition ne paraissent être applicables qu'aux ventes forcées et il résulte de différents arrêts de la cour de Cassation, qu'il faut considérer comme telles, non seulement les ventes sur saisie, mais aussi les ventes judiciaires qui leurs sont assimilées, et spécialement les ventes après faillites et les ventes de meubles dépendant d'une succession lorsqu'il y a des incapables.

La question des émoluments qui peuvent être attribués à l'huissier lorsqu'il procède à une vente de meubles offre un grand intérêt pratique. En effet, le tarif de 1807 est notablement inférieur à celui de la loi du 18 juin 1843 qui attribue aux commissaires-priseurs une indemnité proportionnelle de 6 0/0 sur le montant de la vente.

En ce qui concerne les ventes forcées, les huissiers ont seulement droit :

1. Pour la rédaction de l'original du placard, à 1 fr. Une indemnité de 0 fr. 50 leur est allouée pour chacun des exemplaires de ce placard s'ils sont manuscrits.

2. Pour chaque vocation de 3 heures à la vente, le procès-verbal compris, à une indemnité de 8 fr., 5 fr. ou 4 fr., suivant les localités.

3. Pour l'expédition du procès-verbal, par chaque rôle de

ving.-cinq lignes à la page et de dix à douze syllabes à la
ligne : 1 fr., 0 fr. 50 ou 0 fr. 40, suivant les localités.

La Cour de cassation a décidé, au contraire, par un arrêt
du 6 août 1888, (S. 90-1-117), que les dispositions du tarif
du 16 février 1807, ne sont pas applicables pour les ventes
volontaires. Mais il ne s'ensuit pas que le tarif établi par la
loi du 18 juin 1843 pour les commissaires-priseurs, soit
applicable *ipso facto* aux huissiers. En effet les émoluments
qui devaient leur être attribués en matière de ventes vo ·
lontaires étaient primitivement réglés par la loi du 26 juillet 1790. L'article 8 de cette loi ayant été abrogé par la loi
du 17 septembre 1793, la question se pose de savoir si,
comme sous l'empire de la loi de 1790, les honoraires de
l'huissier peuvent être fixés à l'amiable entre lui et les
parties. La Cour de cassation, décide par l'arrêt précité du
6 août 1888, qu'à défaut de tarif spécial, il appartient aux
Tribunaux de rechercher et de déclarer sur quelle base doit
s'établir l'émolument d'une vente volontaire, mais cette
opinion n'est pas unanimement admise.

§ 6. — Des protêts.

A proprement parler, le protêt est un acte destiné à constater, soit le refus d'acceptation d'une lettre de change par
la personne sur laquelle est tirée, soit le refus de paiement à l'échéance d'une lettre de change ou de tout autre
effet de commerce négociable par voie d'endossement. Dans
le premier cas, le protêt prend le nom distinctif de protêt

faute d'aceptation ; dans le second cas, ou le qualifie généralement de protêt faute de paiement.

Pour la confection des protêts, la loi a donné simultanément compétences aux notaires et aux huissiers, mais, dans l'immense majorité des cas, c'est par ces derniers officiers ministériels seuls qu'est exercée cette fonction.

Aux termes des articles 162 et suivants du Code de commerce, le protêt faute de paiement doit être fait, au plus tard, le lendemain du jour de l'échéance ou le surlendemain si le lendemain se trouvait être un jour férié.

Le Code de commerce exigeait autrefois que, pour la signification du protêt, les huissiers fussent assistés de deux témoins. Mais le décret du 21 mars 1848, qui n'a pas été abrogé, a supprimé cette formalité qui, sans présenter d'utilité pratique, avait l'inconvénient d'augmenter les frais de la signification.

Le Code de commerce dispose encore que l'acte du protêt doit contenir une copie littérale de l'effet protesté, énoncer la sommation de payer faite au débiteur à son domicile, ainsi que les motifs de refus ou d'impuissance de paiement articulés par ce dernier.

La législation relative aux protêts a donné lieu depuis nombre d'années à des critiques fondées, et l'on examinera plus loin les modifications qui ont été proposées aux articles 162 et suivants du Code de commerce.

SECTION III

SERVICE AUDIENCIER.

Le service audiencier est fait auprès de la Cour de cassation et du Conseil d'État, des Cours d'appel, des Cours d'assises, des Tribunaux civil de première instance, des Tribunaux de commerce, et des Justices de paix, par certains huissiers désignés spécialement par ces tribunaux. En effet, en vertu du décret du 30 mars 1808, article 5, et du décret du 14 juin 1813, article 2, les Cours et Tribunaux choisissent parmi les huissiers, attachés aux tribunaux de première instance, ce qu'ils jugent le plus digne de leur confiance pour le service intérieur de leurs audiences.

Le nombre des huissiers audienciers est déterminé par chaque tribunal suivant les besoins du service.

Les huissiers ne peuvent, par aucune convention particulière porter atteinte aux droits qui sont confiés aux tribunaux par la loi. Par suite, le traité d'après lequel les huissiers d'un arrondissement décideraient que l'un d'eux resterait seul chargé du services des audiences serait obligatoirement nul (Cassation, 28 août 1830. Affaires des huissiers de L...).

En principe, les huissiers audienciers près des cours et tribunaux sont renouvelés chaque année, ce renouvellement à lieu au mois de novembre et il résulte de l'article 1er du décret du 14 juin 1813, que tous les membres en exercice peuvent être réélus :

Dans la pratique, et particulièrement dans les centres importants, les fonctions d'huissier audiencier sont le plus souvent attachées à certaines charges déterminées. Ceci se conçoit aisément si l'on considère que les fonctions d'audiencier auprès d'une cour ou d'un Tribunal donnent aux charges d'huissier auxquelles elles sont attachées une plus-value considérable sur les autres charges et l'on ne saurait, par suite, priver sans motif grave, le titulaire d'une de ces charges d'un avantage qu'il a acheté.

Cependant, on a élevé la question de savoir si une Cour d'apppel aurait le droit d'ordonner le roulement annuel des huissiers audienciers près de tous les Tribunaux de sa résidence de manière que chacun d'eux fut successivement audiencier de ces Tribunaux. L'affirmative semblerait résulter d'une pétition des huissiers audenciers de Limoges (novembre 1845). Mais cette opinion parait difficile à concilier avec l'article 2 du décret du 14 juin 1813, qui donne aux Tribunaux, le droit de choisir ceux des huissiers qu'ils jugeront les plus dignes pour le service intérieur des audiences.

Les attributions des huissiers audienciers sont assez nombreuses et elles leur ont été confiées par plusieurs textes. En particulier, les décrets du 30 mars 1808 (article 9) et du 14 juin 1813, (article 20) donnent le droit aux huissiers audienciers et les soumettent à l'obligation de faire exclusivement près leurs Cours et tribunaux respectifs le service personnel des audiences, aux assemblées générales et particulièrement aux enquêtes, interrogatoires ou autres commissions, ainsi qu'aux parquets.

D'après l'article 7 de l'arrêté du 22 thermidor, an VIII, l'article 96 de la loi du 27 ventôse, an VIII, et l'article 99 du décret du 30 mars 1808, ceux qui sont désignés par le premier président de la Cour, ou le président du tribunal assistent aux cérémonies publiques avec la Cour ou le tribunal qu'ils ont pour mission de précéder.

En vertu du décret du 30 mars 1808, ils doivent se rendre au lieu des séances de la Cour et du tribunal, une heure au moins avant l'ouverture de l'audience, et prendre au greffe l'extrait des causes qu'ils doivent appeler. Ils doivent aussi veiller à ce que personne ne s'introduise dans la chambre du conseil sans s'être fait annoncer, à l'exception des membres de la Cour ou du tribunal, Ils sont spécialement chargés de faire faire le silence, de maintenir la police des audiences et de faire sortir ceux qui essaieraient d'y troubler l'ordre. Ils ont aussi pour fonctions de faire l'appel des causes qu'ils doivent appeler successivement à l'ouverture de l'audience dans l'ordre de leur placement au rôle général.

Aux termes de l'article 15 du décret du 14 juin 1813, les huissiers audienciers doivent, sous peine d'être remplacés. résider dans les villes où siègent les Cours et Tribunaux près lesquels ils doivent faire respectivement leur service. Il résulte d'ailleurs d'un arrêt de la Cour de cassation (Chambre des requêtes, 14 décembre 1836) que les Cours et Tribunaux ne peuvent choisir comme audienciers d'autres huissiers que ceux qui résident dans la ville même où siège le Tribunal. Cet arrêt, rendu sur la demande du procureur général de la Cour de cassation, requis à cet effet par le Garde des Sceaux, annule deux délibérations du Tribunal de commerce d'Amiens, qui, par suite de difficultés survenues entre les huissiers à la résidence d'Amiens et les agréés près le Tribunal de commerce de cette ville révoqua, le 18 juin 1836, ses deux huissiers et nomma à leur place le sieur de Cagny, huissier de la justice de paix de Conty, canton rural de l'arrondissement. Cette nomination ayant paru contraire à la loi, le garde des sceaux invita le Tribunal de commerce à le révoquer et à procéder à la nomination de deux autres huissiers audienciers qui seraient pris parmi les huissiers d'Amiens. Mais le Tribunal ayant persisté par une nouvelle délibération, dans sa résolution antérieure, la Cour de cassation adoptant les motifs développés dans le réquisitoire du procureur général annula pour excès de pouvoirs les deux délibérations du Tribunal de commerce d'Amiens.

Attributions spéciales aux huissiers près la Cour de cassation. — Aux termes de l'article 11 de la loi du 2 brumaire, an IV, les huissiers audienciers près la Cour de cassation sont au nombre de huit, nommés et révoqués par elle, D'après l'article 25 du décret du 14 juin 1813, ces huissiers ont le droit exclusif d'instrumenter dans le lieu de la résidence de la Cour pour les affaires portées devant elle.

Leurs fonctions consistent, outre celles qui sont communes

à tous les huissiers audienciers, à signifier les arrêts d'admission 1) aux parties résidant à Paris ; 2) au procureur général près la Cour dans les affaires intéressant les habitants des colonies, les étrangers ou les personnes dont le domicile est inconnu et de faire les significations d'avocat à avocat. Ils sont aussi chargés des mêmes fonctions en ce qui concerne le Conseil d'Etat.

Des huissiers audienciers près les Cours d'appel et les Cours d'assises. — Les huissiers audienciers près les tribunaux d'appel ont été institués par la loi du 27 ventôse an VIII. Ils ont, indépendamment de leur caractère d'huissier ordinaire ; le privilège de faire le service personnel auprès des Cours d'appel et les significations d'avoué à avoué.

Depuis la suppression des Cours criminelles, les huissiers audienciers près les Cours d'appel sont aussi chargés du service intérieur des Cours d'assises, quand ces cours siègent dans le départemunt de la Cour d'appel.

Quand les Cours d'assises sont appelées à siéger dans un département autre que celui de la Cour d'appel, les huissiers chargés du service doivent être désignés par le procureur de la République de concert avec le président parmi les huissiers du tribunal de premiùre instance.

En cas de dissentiment sur le choix à intervenir, il en est référé au procureur général et jusqu'à ce qu'il ait statué, les huissiers désignés par le procureur de la République sont dans l'obligation de faire le service près les Cours d'assises.

Dans les villes ou les Cours d'assises sont tenues par des juges du Tribunal civil, le service des audiences de ces cours sont fait par les huissiers audienciers au Tribunal civil (article 21 du décret du 14 juin 1813).

D'après le même texte, les huissiers audienciers des Cours d'assises ne peuvent pendant la durée des sessions, sortir du canton de leur résidence sans un ordre exprès du ministère public.

Des huissiers audienciers près les tribunaux civils de première instance. — Les huissiers audienciers près les tribunaux civils de première instance ne pouvaient autrefois, aux termes du décret du 19 vendémiaire, an IV, être plus de deux auprès d'un tribunal non divisé en section. Cette disposition de nos lois n'a pas été maintenue et le décret du 30 mars 1818, qui autorise les tribunaux de première instance à désigner pour le service intérieur ceux de leurs huissiers qu'ils jugent les plus dignes de leur confiance ne semble pas avoir voulu maintenir cette limitation.

Les huissiers audienciers près les tribunaux civils sont chargés exclusivement, aux termes de l'article 26 du décret du 14 juin 1813, de la signification des actes d'avoués à avoués, ils ont, en outre, un droit exclusif aux émoluments alloués par l'appel des causes du rôle, pour la publication du cahier des charges de toute espèce de vente et pour les publications lors de l'adjudication préparatoire et définitive.

Des huissiers audienciers près les justices de paix et les tribunaux de simple police. — La loi du 25 mai 1838 a donné compétence aux huissiers des cantons pour faire le service des audiences dans les justices de paix. Sous l'empire de la législation antérieure, la question s'était posée de savoir si le droit que possédaient déjà les huissiers attachés aux justices de paix d'instrumenter pour cette justice, était privatif à quelques uns d'entre eux ou, au contraire, pouvait être exercé par tous sans distinction.

L'article 16 de la loi du 25 mai 1838, a tranché la controverse qui s'était élevée sur ce point en décidant, dans son article 16, que tous les huissiers du même canton seront tenus de faire le service des audiences et d'assister le juge de paix toutes les fois qu'ils en seront requis ; les juges de paix choisiront leurs huissiers audienciers.

Les huissiers audienciers auprès des justices de paix remplissent les mêmes fonctions qu'auprès des autres juridictions, mais, d'après l'article 166 du Code du 3 brumaire, an IV, et l'article 141 du Code d'instruction criminelle, ils font aussi le service des tribunaux de police et ont, par suite, qualité pour faire tous exploits et significations relatifs à ce service.

DEUXIÈME PARTIE

Critique. — Régime actuel.

Après avoir examiné dans son esprit et dans ses formes le décret du 14 juin 1813, après avoir recherché les difficultés qu'a fait naître son application, et indiqué dans quel sens la jurisprudence les a résolues, il importe de se demander si le régime établi par ce texte, qui est encore en vigueur aujourd'hui, répond aux besoins de la pratique, et si l'ensemble de ses dispositions est resté en harmonie avec l'état social actuel.

A ce sujet, une première constatation s'impose.

C'est que, loin de suivre le mouvement des idées qui, par une perpétuelle évolution, modifie et transforme pour les rendre plus parfaites et plus conformes aux aspirations des individus, la plupart des institutions sociales, la législation concernant les fonctions des huissiers est restée en dehors de toute idée de progrès, insensible à la poussée des idées comme aux modifications du milieu.

Elle n'a point senti la nécessité de se mettre en harmonie

avec un état social nouveau, et confiante dans l'excellence d'un régime dont plusieurs siècles de pratique ont établi la valeur, et que le décret de 1813 n'a fait que consacrer, elle s'est laissé aller à oublier que toutes les lois sont perfectibles, et que bien qu'étant faites dans l'intérêt de tous, elles doivent néanmoins dans la mesure du possible, sauvegarder les droits et les intérêts de chacun. C'est ainsi, par exemple, qu'après un siècle où le prix des choses nécessaires à la vie s'est considérablement élevé, le tarif des honoraires attribués à l'huissier est resté celui de 1807, tarif qui, à notre époque, est évidemment inférieur à ce qu'il devrait être.

Toutefois, il convient d'ajouter que depuis quelques années, un mouvement s'est dessiné en faveur d'une modification du régime des fonctions d'huissier et, à défaut d'une refonte générale du décret de 1813, le législateur s'est inspiré des demandes maintes fois réitérées des communautés d'huissiers pour faire disparaître par différents textes des abus criants ou des dispositions surannées. Néanmoins, le décret de 1813 subsiste dans son esprit et dans ses formes, ses dispositions restent applicables bien qu'elles soient souvent vexatoires pour le débiteur et inefficaces pour le créancier, et les critiques qu'a fait naître ce décret sont si diverses et si fondées qu'elles devraient, semble-t-il, aboutir à bref délai à une réforme d'ensemble.

Ces critiques peuvent en général se référer aux ordres dédiés qui visent :

1) La forme matérielle des exploits ;

2) La disposition de l'article 45 du décret de 1813, relative à la remise des exploits ;

3) La rémunération des huissiers ;

4) Le service audiencier ;

5) Les voies d'exécution et les actes extra-judiciaires.

§ 1. — **De la forme matérielle des exploits**

Dans l'ensemble des critiques formulées contre l'organisation et le mode d'exécution des fonctions d'huissiers, les moins nombreuses et les moins importantes sont relatives à la forme matérielle des actes faits par ces officiers ministériels.

En effet, si l'on peut reprocher aux exploits d'employer fréquemment des formules trop exclusivement procédurières, se rattachant à un passé lointain, et transmises jusqu'à nous par la tradition, on ne peut nier, d'autre part, que sans être aussi claires et aussi compréhensibles qu'on pourrait l'exiger, elles sont néanmoins suffisamment intelligibles pour être comprises par la généralité des individus.

Aussi, dans les différents projet de réforme du régime des huissiers proposés depuis 25 ans, on ne trouve pour ainsi dire, aucune demande relative à la forme matérielle des exploits. Il semble cependant qu'en cette matière, une modification serait désirable.

Il ne suffit pas, en effet, pour que l'exploit remplisse le rôle qui lui a été assigné par la loi, qu'on puisse découvrir sous des formes souvent obscures la pensée de celui qui l'a rédigé, il faut aussi que la personne qui le reçoit sache à quelles mesures elle s'expose en ne répondant pas à l'injonction qui lui est faite ou qu'elles formalités elle doit remplir pour répondre à l'action du demandeur.

Ce vœu de la loi est rempli dans le cas particulier du commandement qui, en donnant injonction au débiteur de payer, l'informe, suivant la formule la plus ordinairement adoptée « que faute de satisfaire au présent commandement dans le délai indiqué, il y sera contraint par toutes les voies de droit et notamment par la saisie des meubles et objets mobiliers, etc... ».

Mais il n'en est pas de même pour certains autres exploits et, par exemple, pour l'assignation. En effet par cet acte, le demandeur ordonne au défendeur de comparaître à l'expiration de la huitaine franche de la loi, à l'audience et pardevant MM les président et juges composant le tribunal du lieu à 11 heures du matin, pour attendu que..... s'entendre condamner à.....

Il semble résulter de cette formule que le débiteur devrait au jour dit se rendre à l'audience du tribunal, tandis qu'en réalité l'assignation n'a d'autre effet que de l'inviter à faire constitution d'avoué. Il serait donc préférable de faire usage d'une formule claire qui indiquerait plus nettement au défendeur les mesures qu'il doit prendre.

D'autre part, lorsqu'un acte a pour objet de réclamer une somme d'argent ou d'exiger l'accomplissement d'une obligation de faire ou de ne pas faire, cet acte doit contenir copie du titre en vertu duquel agit le demandeur.

Or ces titres surtout en matière d'immeubles sont souvent d'un volume considérable et la copie, en fait, en est souvent illisible.

D'ailleurs presque toujours le débiteur sait parfaitement à quoi s'en tenir, aussi devrait-on dans certains cas supprimer cette copie et dans la plupart des autres s'en tenir à un extrait.

Il y a là une source de frais énorme dont on pourrait exonérer les plaideurs.

§ 2 — De la disposition de l'article 45 du décret de 1813, relative à la remise des exploits

La disposition de l'article 45 du décret du 14 juin 1813, relative à la remise des exploits, soulève depuis longtemps des contestations fort vives entre les tribunaux civils chargés de surveiller l'exécution de la loi et les communautés d'huissier chargées de l'appliquer.

Cet article 45 stipule que « tout huissier qui ne remettra pas lui-même à personne ou à domicile, l'exploit et les copies de pièces qu'il aura été chargé de signifier sera condamné, par voix de police correctionnelle, à une suspension de 3 mois, à une amende qui ne pourra être moindre de 200 fr., ni excéder 2.000 fr. et aux dommages-intérêts des parties. Si néanmoins, il résulte de l'instruction qu'il a agi frauduleusement, il sera poursuivi criminellement et puni d'après l'article 146 ou Code pénal.

Cette disposition du décret de 1813 a été vivement critiquée et, semble-t-il, à juste titre. En effet, il n'est pas possible d'admettre qu'un huissier titulaire d'une charge, ou le nombre des exploits faits en une année, s'élève dans les grands centres, à plusieurs milliers, puisse matériellement les signifier lui-même. Outre le déplacement que lui imposeront chaque remise, les significatious à faire, soit aux domestiques, soit aux voisins, soit au maire en cas d'absence de la partie, la diversité des lieux où doivent être faites les significations, sont autant d'obstacles s'opposant à l'application stricte de l'article 45.

Aussi, en fait, les dispositions de cet article ne sont plus guère appliquées que dans les centre de très médiocre importance où l'huissier ne pouvant, à cause de la modicité du revenu de sa charge, en partager les profits avec d'autres personnes, rédige et signifie tout à la fois par lui-même les actes de son ministère.

Dans les grandes villes, au contraire, où le nombre de certains exploits, des protêts, par exemple, à signifier au lendemain des jours d'échéance atteint plusieurs centaines par étude, les parquets placés dans l'alternative ou bien d'apporter à la marche des affaires nne entrave qui leur serait préjudiciable. ou bien de laisser violer les dispositions de la loi, préfèrent adopter ce dernier parti, et laissent l'huissier remettre à des tiers la signification des exploits.

L'obligation de laisser violer la loi est donc, dans ce cas spécial, imposée aux parquets comme une nécessité. Cette nécessité a été implicitement reconnue par le Garde des

Sceaux lui-même. En effet, dans une lettre adressée au procureur général de Lyon, le 3 octobre 1875, M. Dufaure s'exprime ainsi : « En ce qui concerne l'application de l'article 45 du décret du 14 juin 1813, bien que les réclamants soient fondés en principe, on ne peut cependant méconnaître que la longue tolérance qui existe à cet egard ne pourrait cesser brusquement sans qu'il en résulte un trouble fâcheux dans les habitudes commerciales ».

Cette pratique nécessaire, quoique directement opposée à la loi a plusieurs inconvénients. Elle fait aux huissiers une situation fausse qui leur cause un grand préjudice moral en leur enlevant toute autorité et une grande partie de la considération à laquelle ils ont droit car ils sont toujours en contravention avec la loi.

D'autre part le système actuel de tolérance ne donne aucune garantie en ce qui concerne la remise réelle des exploits. En effet, il arrive le plus souvent que, pour éviter des frais considérables, hors de proportion avec les honoraires qui leur sont alloués, les huissiers ne conservent pas auprès d'eux le personnel qui serait nécessaire pour notifier les exploits au lendemain des échéances. Il sont donc obligés, à certaines dates périodiques de faire appel, à des individus déclassés, vivant de tous métiers, qui pour un salaire très minime se chargent de la remise des actes. Cette fonction particulièrement grave, que les auteurs du décret de 1813, n'avaient jugé devoir remettre qu'à l'huissier lui-même, est donc exercée par des individus n'offrant aucune garantie et dont les affirmations ne peuvent le plus souvent, être mise en balance, avec celles des personnes à qui la remise devait être faite.

Ainsi donc par le fait d'une disposition trop restrictive du décret de 1813, la remise des exploits ne peut, pratiquement, être faite avec toutes les garanties qui seraient nécessaires et ce texte appelle une réforme qui aurait pour objet, soit la création de clercs assermentés, soit la remise des exploits par le service des postes.

§ 3. — De la rémunération des huissiers.

Les honoraires attribués aux huissiers par le tarif de 1807, pour la confection et la signification des actes, est certainement l'un des points de l'organisation actuelle qui ait soulevé les plus vives critiques et donne lieu de la part des communautés d'huissiers aux demandes les plus nombreuses et les plus justifiées.

En effet, aucun changement n'a été apporté jusqu'ici au tarif de 1807, bien que depuis cette époque le prix de toutes choses se soit considérablement élevé. Il en est résulté qu'à l'époque actuelle les honoraires de l'huissier ne constituent pas du moins, pour différents actes, une rémunération suffisante de son travail ; ils sont à peine l'équivalent des frais qui lui incombent.

Cependant, dans l'opinion commune, l'exercice des fonctions d'huissier est considéré, en général, comme assez lucratif, et on s'est élevé pendant longtemps contre toute demande d'élévation du tarif de 1807, en rappelant les fortunes rapidement édifiées par certains huissiers établis dans les grands centres. Si ces officiers ministériels, disait-on, ont pu tirer de leurs charges des bénéfices si considérables, c'est que les émoluments qui leur sont alloués dépassent de beaucoup les frais auxquels ils sont obligés, et par suite, le tarif de 1807, donne à leur travail et à leur activité une rénumération suffisante.

Cette opinion, bien que généralement admise, n'est pas exacte. Il faut chercher le fondement de l'erreur sur laquelle elle repose, dans ce fait, que pour soutenir la thèse précédemment exposée, on s'est uniquement appuyé sur l'exemple de quelques huissiers établis dans les grands centres ; or, la plupart des huissiers exerçant leurs fonctions sur l'étendue du territoire n'exercent pas dans les grandes villes, qui, comme chacun le sait, ne sont pas nombreuses, mais au contraire, dans des chefs-lieux de canton ou d'arrondissement, où le mouvement des affaires est très médiocre, et où ils n'ont par suite qu'une clientèle très restreinte. C'est-là un point dont il importe de tenir compte, car alors que les premiers, établis au siège d'un tribunal et placés au centre des affaires, voient au bout de chaque mois, les exploits fait par leurs études se compter par centaines, les seconds, au contraire, attendent péniblement l'époque de l'échéance pour retirer des charges, qu'ils ont achetés le revenu de leurs capitaux, et la rémunération de leur travail.

Ce caractère précaire de la situation d'huissier, dans les centres peu importants a été signalé à différentes reprises aux pouvoirs publics, et, en particulier, par M. Mazeau, dans l'exposé des motifs d'une proposition de loi ayant pour objet de modifier le tarif, l'organisation et les attributions des huissiers. « Dans la province, disait-il, la situation des huissiers, se traduit par une véritable détresse. La carrière est désertée par les jeunes gens honnêtes et instruits, parce qu'elle ne peut donner à celui qui l'embrasse, une remunération qui suffise à son existence. Les titulaires ne trouvent plus à vendre leurs charges ; quand ils meurent, ils ne sont pas remplacés. Dans certains cantons, il n'y a plus d'huissiers. Partout, les titres sont dépréciés et les fonctions discréditées. »

Mais déjà, avant 1876, ainsi que le signalait M. Mazeau dans son exposé des motifs, la question du tarif des huissiers, avait été portée à différentes reprises à la tribune de la Chambre et du Sénat. En 1861, M. André, député de la Charente, constatait publiquement l'insuffisance des émoluments alloués à certains officiers ministériels, et particulièrement aux huissiers. L'année suivante, M. Bonjean, rapporteur de la Commission des pétitions, s'exprimait ainsi : « La première question à examiner, est celle de savoir si la condition actuelle des huissiers est aussi misérable que le prétendent les pétitionnaires. Sur le point de fait, les renseignements que nous avons recueillis, soit à la Chancellerie, soit dans les Conférences que nous avons eues avec diverses députations d'huissiers, nous permettent d'affirmer que si, pour la moralité, la capacité, la bonne tenue, les huissiers de nos jours sont fort supérieurs à leurs devanciers de

1807, leur position sous le rapport des profits professionnels, est fort inférieure à ce qu'elle était à cette époque... Cette profession ne subvient que difficilement au strict nécessaire. »

D'autres raisons militent encore en faveur d'une élévation des honoraires attribués à l'huissier. C'est ainsi, par exemple, qu'une série de lois votées de 1816 à 1890, ont enlevé aux huissiers une source très appréciable de profit. Ce résultat a été amené en particulier, par la loi de 1816, qui a donné compétence exclusive aux commissaires-priseurs pour les ventes aux enchères, la loi de 1838 qui interdit aux huissiers de représenter les parties à titre de défendeur officieux devant les juges de paix, les lois de 1841, sur les ventes judiciaires et l'expropriation pour cause d'utilité publique, qui leur font perdre certains actes ou abaissent leurs émoluments, la loi de 1848 qui abaisse provisoirement la taxe des protêts, et enfin la loi de 1866 qui abolit la contrainte par corps.

Ces diverses considérations ont été signalées au législateur, et à différentes reprises, des membres des deux Chambres ont pris l'initiative de proposer une revision soit partielle, soit complète, du tarif ds 1807, mais les propositions de loi déposées dans ce sens se sont toutes brisées contre un argument dont on ne peut contester la valeur : l'impossibilité d'élever encore les frais de justice. L'élévation du tarif de 1807, a-t-on dit, c'est un nouvel impôt dont on frappe le justiciable en lui rendant l'accès du prétoire plus onéreux, et cet impôt ne profite qu'à une certaine catégorie de citoyens.

Mais ainsi que le demandait M. Mazeau dans sa proposition de loi de 1876, le chiffre élevé des frais de justice, n'est ni le fait ni le profit des huissiers. Il tient surtout à l'augmentation dont ont été frappés depuis un certain nombre d'années, les droits de timbre et d'enregistrement, droits dont le trésor bénéficie seul. En 1807, ils étaient de 1 fr. 50 ; ils montent aujourd'hui à 4 fr. 95. Ils ont donc plus que triplé, tandis que l'officier ministériel touche toujours 1 fr. 88 comme en 1807. C'est donc lui qui subit la conséquencè des lois qui l'appauvrissent en diminuant le nombre des affaires.

« Il ne faut donc pas, ajoutait M. Mazeau, exagérer la partie de l'objection tirée de l'intérêt des justiciables car, que demande cet intérêt sainement entendu ? Il exige avant toutes choses que l'officier ministériel soit probe et intelligent. Or, les hommes intelligents et honnêtes n'embrassent une profession, qu'autant qu'ils espèrent y trouver de quoi vivre honorablement, et quand ils l'exercent, il est toujours dangereux de les exposer aux mauvais conseils de la faim ».

Il est en effet à présumer que si les émoluments de l'huissier, étaient en rapport avec le travail et les frais que lui occasionnent ses fonctions, les Tribunaux n'auraient presque jamais à sévir pour faire respecter les dispositions du décret de 1813.

On n'aurait pas non plus à constater la contradiction absolue qui existe entre les pratiques introduites par les huissiers, et les obligations qui leur sont imposées. On a vu que les dispositions de l'article 45 sont généralement enfreintes, mais ce n'est pas le seul cas, où l'insuffisance du tarif entraîne à l'inobservation de la loi.

Les saisies, les procès-verbaux de recolement, par exemple ne sont pas toujours faits avec la régularité désirable.

D'autre part des circulaires émanant du Garde des Sceaux, ont souvent signalé au parquet des incorrections commises par les officiers ministériels dans l'exercice de leurs fonctions et une lettre du 3 octobre 1875 adressée par M. Dufaure au procureur général de Lyon montre à quelles combinaisons, parfois singulières, peut conduire l'appât du lucre :

« Paris, 3 octobre 1875. M. le procureur général, j'ai reçu les nouvaux renseignements que vous m'avez adressés, le 17 août dernier, au sujet d'une protestation des huissiers du Tribunal de Lyon, contre les sieurs X... et X... leurs confrères qui se constituent, par des moyens irréguliers, un véritable monopole, au préjudice des autres membres de la corporation. En effet ces deux huissiers, qui sont associés pour l'exercice de leurs fonctions, occupent le même local, ont les mêmes clercs, la même caisse et se sont adjoint un sieur X... qui fait opérer leurs recouvrements, signifiant par an environ 30.000 protêts sur 40.000 qui se font dans la ville de Lyon. Ils sont parvenus à ce résultat par divers moyens, et notamment, en renonçant à percevoir la rétribution, qui est due lorsque le débiteur ne paye que sur la présentation du billet par l'huissier.

En outre ils consentent à faire encaisser par leurs clercs, sous le couvert du sieur X... leur associé, les effets portant la mention « sans frais », mais à la condition que les banquiers, leurs remettront les effets protestables. Les autres huissiers de Lyon, en présence de cette situation des sieurs X... et X... ont créé, dans le but d'arriver à une répartition entre eux des protêts, un syndicat qui fonctionne clandestinement. L'association formée entre les sieurs X... et X... et le syndicat établi par les autres huissiers étant contraires à la dignité de ministère dont ils sont investis et aux règles de la discipline, ne doivent pas subsister. Je vous prie d'en informer le syndic des huissiers ainsi que les sieurs X... et X... qui devront en outre, s'abstenir de se charger du recouvrement des effets portant la mention « sans frais ». Quant à l'habitude qu'ont ces deux huissiers de faire remise au débiteur des frais occasionnés par le non payement le jour de l'échéance, je verrais dans cette pratique, à moins qu'ils ne justifient d'une autorisation expresse de leurs clients, un fait de concurrence déloyale ».

Il serait donc nécessaire de remédier à cet état de choses par un tarif plus équitable que celui de 1807. A cette occasion, on a préconisé plusieurs systèmes et la proposition de loi déposée par M. Mazeau en 1876, la plus complète en l'espèce, aurait eu pour effet, si elle avait été adoptée, de faire subir dans dans le tarif contenu dans le décret du 16 février 1807 des modifications portant à la fois sur la taxe des actes, sur les vacations et sur les frais de voyage.

Le détail de ces propositions sera examiné plus loin, mais il faut noter dès maintenant qu'en se qui concerne les offres et consignations, ce projet donnait satisfaction à un des désidérata les plus souvent exprimés par les communautés

d'huissiers en consacrant le principe de la proportionnalité
de la rémunération à l'importance de l'intérêt dont l'huissier
est chargé.

On ne saurait nier, en effet, que dans bien des cas, c'est
à l'activité, et à l'intelligence de l'huissier chargé de recou-
vrer une créance que le débiteur doit d'être désinteressé. Si
ces officiers ministériels ne prenaient pas en temps utile les
mesures nécessaires pour empêcher la soustraction des objets
mobiliers qui forment le gage du créancier, combien de
créances, resteraient impayées par des débiteurs adroits et
peu scrupuleux ! Il semble donc juste de stimuler l'huissier
en lui accordant comme rémunération de ses efforts une part
proportionnelle dans le montant de l'effet recouvré. Cette
part proportionnelle pourrait être fixée d'après un tant pour
cent dont la quotité suivrait une progression décroissante à
mesure que s'élèverait le montant de l'intérêt en cause.

L'excellence de ce système a d'ailleurs été reconnue par
l'État lui-même puisqu'en matière de douanes ou de con-
tributions indirectes, il abandonne aux préposés qui, par
leur vigilance, ont amené la découverte d'une fraude, une
partie de l'amende infligée au délinquant.

Enfin c'est le système adopté tout récemment dans le tarif
légal des notaires.

En ce qui concerne l'établissement du répertoire, les
huissiers ont plusieurs fois demandé qu'une rénumération
leur soit accordée. A l'appui de cette demande, il font valoir que les greffiers reçoivent 0 fr. 35 par acte repertorié
et que le papier timbré sur lequel doit être établi le reper-

toire a considérablement augmenté de prix depuis 1807 et qu'enfin ce repertoire lui-même présente pour les parties un intérêt très réel puisqu'il sert à constater l'existence d'un acte en cas de perte de l'original.

§ 4. — Service audiencier.

Ainsi qu'il a été dit, le service audiencier est fait auprès des Cours et Tribunaux par un certain nombre d'huissiers ayant la confiance du Tribunal.

Pour ce qui a trait à l'exécution de ce service, on peut formuler des critiques d'ordre général analogues à celles auxquelles ont donné lieu les autres dispositions du décret de 1813. En effet, là encore on retrouve les traces d'un état de choses ancien bien différent du milieu actuel et, sur ce point, la législation existante gagnerait à s'harmoniser avec des habitudes et des mœurs très différentes de celles de 1813.

Une des caractéristiques de l'époque actuelle est de chercher à établir, dans toutes fonctions civiles un rapport très étroit entre la situation sociale des individus et leur degré de fortune. A ce sujet, on a exposé bien souvent que la considération dont on entoure une fonction est en raison directe du prix qu'elle coûte à acquérir. Il est constant qu'il ne doit pas en être ainsi, car, pour un officier ministériel en particulier, on doit tenir compte de l'honorabilité de celui qui l'exerce, de ses capacités, de son intelligence et, en général de toutes les qualités au moyen desquelles le titulaire d'une charge pourra faire valoir, à la fois, l'homme et la fonction.

Mais cette idée bien qu'inexacte renferme cependant une part de vérité et l'on ne saurait concevoir, à notre époque, que le possesseur d'une charge représentant souvent une grande valeur s'identifie, quant aux fonctions qu'il est appelé à remplir avec le titulaire d'un emploi à qui l'on ne devrait demander ni les mêmes capacités, ni les mêmes garanties.

Or il en est ainsi dans le cas particulier de l'huissier audiencier et l'on peut s'étonner de voir cet officier ministériel, acquéreur d'une charge représentant dans les grands centres une valeur considérable, habitué à la pratique des affaires et possédant un passé à l'abri de toute critique, exercer les mêmes fonctions qui étaient dévolues aux sergents de l'Ordonnance de 1539, c'est-à-dire, annoncer l'arrivée des magistrats, maintenir le silence dans le prétoire, expulser les assistants qui troublent l'audience, introduire les témoins et servir d'intermédiaire matériel entre la Cour et la défense.

C'est une fonction absolument incompatible avec la dignité qu'on est en droit d'exiger d'un officier ministériel.

Il semble donc qu'au moins dans les grandes villes où l'abondance des affaires et le prix élevé des charges donnent aux fonctions d'huissier une réelle importance, où il est nécessaire d'exiger de ces officiers ministériels une grande connaissance des affaires et du droit, il serait très utile de modifier les dispositions du décret de 1813 relatives au service audiencier et de permettre aux huissiers de se faire remplacer, par des commis assermentés par exemple, au service d'audience.

§ 5. — **Voies d'exécution et actes extra judiciaires.**

Indépendamment des critiques d'ordre général qu'ont soulevées les dispositions surannées du décret de 1813, d'autres critiques d'un ordre plus particulier ont été formulées en ce qui concerne les fonctions de l'huissier relatives aux voies d'exécution et aux actes extra judiciaires.

Pour ce qui a trait aux voies d'exécution, les demandes de réforme ont peut-être été moins nombreuses qu'en toute autre matière. Ceci n'implique pas que la procédure de saisie soit parfaite et qu'il ne soit pas nécessaire d'y introduire des modifications.

On s'accorde assez généralement à admettre que les formalités de la saisie-exécution et la procédure suivie pour arriver à la vente des objets saisis sont sur plus d'un point critiquables.

En effet, d'un côté la taxe n'en est point uniformément faite et les remises successives de ventes accordées par les huissiers sont une cause d'augmentation des frais. Sans doute, l'huissier est autorisé, au nom du créancier pour le compte duquel il poursuit, à accorder des délais et il ne le fait qu'à là demande du débiteur (Chambre du conseil 7 août 1884), mais encore faudrait-il que dans certains cas les frais en soient diminués et que cette mesure soit justifiée tant par l'importance des acomptes versés que par la durée du délai accordé.

Chaque délai accordé surtout, pour les sommes peu élevées, est une source de frais nouveaux assez considérables.

Ainsi pour une créance de 100 fr., par exemple, chaque remise de vente occasionne 35 fr. de frais environ.

Il est certain qu'il y a là un abus, car le débiteur besogneux verra le chiffre de sa dette doublé ou même triplé par suite des frais occasionnés par ses paiements successifs.

A un autre point de vue, le délai d'un jour franc qui doit s'écouler entre le commandement et la saisie est largement suffisant pour permettre au débiteur malhonnête de mettre à l'abri, sinon tout son mobilier, néanmoins, tout ce qui peut avoir une certaine valeur : bijoux, objets d'art, etc...

Aussi dans la plupart des cas, serait-il extrêmement utile aux intérêts des créanciers de pouvoir faire pratiquer immédiatement la saisie.

Quant aux actes extra-judiciaires, quelques-uns, comme les sommations, les mises en demeure, les offres réelles, ne donnent lieu qu'à des critiques de détail. Au contraire, les plus nombreux et les plus importants, les protêts sont unanimement considérés, comme donnant lieu, par le fait des dispositions du Code de Commerce, à des abus répréhensibles, à des pratiques contraires à l'esprit de la loi.

Aussi dans les diverses législatures, qui se sont succédé depuis 1875, un certain nombre de projets et de propositions de lois ont été déposés, en vue de modifier la législation des protêts et, il importe de rappeler les projets déposés au

Sénat en 1879 par M. le Garde des Sceaux le Royer ; en 1884 à la Chambre des députés, par M. Martin Fouillée, et en 1886, par M. Demole, Garde des Sceaux, ministre de la justice.

Les critiques que l'on peut formuler contre la législature actuelle des protêts ont été très clairement indiquées dans le projet de 1884, qui, dans son exposé des motifs, rendait compte, en ces termes, des difficultés et même des impossibilités qui empêchent actuellement l'observation rigoureuse des prescriptions du Code de Commerce. « Le protêt, aux termes de l'article 162, doit être fait le lendemain du jour fixé pour le payement. Il arrive souvent, dans les grands centres surtout, qu'à certaines échéances les huissiers n'ont pas le temps nécessaire pour dresser et notifier, dans le délai légal, les protêts qui leur sont confiés. Il y a là une situation fâcheuse car les intérêts des créanciers sont compromis si les mesures prescrites pour la conservation de leurs droits ne sont pas exécutées en temps utile. Trop souvent, la date des actes est altérée. Des tolérances parfois nécessaires résultant des abus graves qui ne peuvent être réprimés.

Si cet état de choses est préjudiciable aux intérêts du commerce et à la dignité des agents chargés de dresser les protêts, il présente, d'autre part, pour le trésor, de graves inconvénients. Certains officiers publics ou ministériels considèrent comme une sorte de délai de grâce le temps qui leur est imparti pour la rédaction et les modifications de leurs actes. Il arrive aussi fréquemment que les paiements sont acceptés après le jour de l'échéance, lorsque le

protêt est déjà ou doit être dressé ; cet acte est alors supprimé et soustrait par une manœuvre irrégulière à la formalité qui assure la perception du trésor. Les huissiers, les
notaires, doivent inscrire immédiatement sur un répertoire
les actes qu'ils dressent ; les agents de l'enregistrement
peuvent se faire représenter, ces répertoires et vérifier si
tous les actes qu'ils mentionnent, ont été présentés pour
l'acquittement des droits. Cette double précaution prise par
la loi, devrait assurer la stricte exécution de ses dispositions
et sauvegarder, à la fois, les intérêts des tiers et ceux du
fisc. Mais toutes les fois que des mesures ont été prises pour
assurer l'examen des répertoires au lendemain des échéances, des vives protestations se sont élevées. Les huissiers,
disait-on, ne pouvaient, dans un seul jour, recevoir, les
effets, préparer les protêts et les signifier.

C'est ainsi que deux points principaux ont été signalés :
l'insuffisance du délai imparti par la loi, pour dresser le
protêts et la rédaction de cet acte trop compliquée de
détails ».

La législation actuelle des protêts appelle donc des
réformes et on verra plus loin quelles mesures ont été proposées pour la rendre plus compatible avec les exigences
de la pratique.

TROISIÈME PARTIE

Projets de réforme

En ce qui concerne l'organisation du régime des huissiers, les projets et les propositions de loi déposés en vue de modifier, soit les attributions, soit le mode de procéder de ces officiers ministériels, n'ont pas tenu compte de toutes les critiques précédemment exposées. La forme matérielle des exploits n'a donné lieu à aucune proposition d'initiative parlementaire et il en est à peu près de même pour ce qui a trait au service audiencier. Les réformes proposées se trouvent donc circonscrites aux dispositions de l'article 45 du décret de 1813 et au tarif établi par le décret de 1807.

Parmi les propositions de loi déposées au cours des diverses législatures qui se sont succédées depuis 1875, l'une des plus intéressantes et, aussi l'une des plus complètes est celle qui fut présentée au sénat dans la séance du 20 décembre 1876 par M. Mazeau. En effet, le projet en question visait tout à la fois le tarif, l'organisation et les attributions des huissiers, comprenant ainsi dans un ensemble de réformes les dispositions du décret de 1807 et du 14 juin 1813.

L'exposé des motifs de cette proposition faisait connaître les causes qui l'avaient inspirée et indiquait les mesures propres à remédier à la situation signalée.

« On a cru de très bonne foi à une époque éloignée, disait M. Mazeau, que le palliatif des maux dont souffre la corporation des huissiers était l'extinction d'une partie des offices par voie de rachat, soit au décès du titulaire, soit au moment de la transmission.

Le raisonnement sur lequel on se fondait alors paraissait concluant ; un certain nombre d'offices, disait-on, se partagent les actes de l'arrondissement.

Il doit suffire de diminuer le nombre de ces offices pour augmenter par cela même le nombre des actes afférents à chacun de ceux qui seront maintenus, et améliorer ainsi la position de leurs possesseurs, au moyen d'un sacrifice sans doute, mais d'un sacrifice momentané auquel ils ont intérêt à se prêter avec empressement.

C'est ainsi que de 1845 à 1865, dans l'espace de 20 années, plus de douze cents titres ont été supprimés.

Malheureusement, la mesure n'a répondu, ni à l'attente du Gouvernement qui avait conseillé de la prendre, ni à l'espoir de ceux qui ont suivi le conseil et qui se sont ainsi grevés de très lourdes charges.

Le système de l'extinction n'a produit que rarement des effets utiles, soit parce que la diminution du nombre des actes a coïncidé avec la diminution du nombre des offices et l'a paralysé, soit parce que les offices supprimés étaient presque toujours ceux qui ne rapportaient rien ou presque rien, la disparition n'en a été ressentie par personne.

La mesure a donc été inefficace, ou insuffisante et elle a eu pour plus clair résultat de charger certaines communautés de dettes relativement énormes, qu'elles n'acquitteront qu'avec beaucoup de temps ou de difficultés.

Un exemple entre plusieurs ; nulle part le système de la suppression des offices n'a été plus largement appliqué que dans l'arrondissement de Rouen. On en a supprimé vingt-trois sur quarante-neuf en douze années. La communauté de l'arrondissement a payé jusqu'à ce jour, pour ces extinctions, la somme de 121,000 fr. et elle doit encore à l'heure actuelle 110.000 fr. produisant intérêt à 5 0/0 et, pour atteindre sa libération complète il lui faudra attendre vingt ans. Or, il est de notoriété publique à Rouen que les offices maintenus n'ont pas augmenté de valeur. Loin de là, pour les raisons qui ont été précédemment déduites, cette valeur n'a cessé de décroître ; un titre nu valait en 1844, 15.000 fr. il en vaut aujourd'hui 3.000 fr.

Le rachat des offices est donc loin d'être une panacée comme on l'a prétendu ; il ne pouvait d'ailleurs rémédier qu'à une partie des inconvénients plus haut signalés. Il faut par suite chercher autre chose.

Or la situation, on ui'a remarqué, sans doute, est complexe ; là, il y a rareté d'affaires et pauvreté ; ailleurs les actes abondent, mais ils sont très inégalement répartis.

A cette situation complexe, il faut appliquer un remède

complexe comme elle, c'est-à-dire un ensemble de mesures atteignant chacun des vices particuliers qui l'ont amené et la prolongent. »

Ces mesures paraissent être :

1) La révision des tarifs;

2) La création de bourses communes ;

3) L'abrogation de l'article 18 de la loi du 6 juin 1838 ;

4) La création de clercs assermentés ou la remise de copies par la poste.

Elles sont corrélatives. Elles se lient l'une à l'autre, se complètent l'une par l'autre.

Il est nécessaire de les étudier successivement.

PROJET MAZEAU

§ 1. — **Révision des tarifs**.

Une des raisons qui ont empêché jusqu'ici la révision du tarif de 1807 est assurément la difficulté que présente, pour une assemblée peu au courant des questions de procédure pratique, l'élaboration d'un tarif nouveau qui donne satisfaction aux desiderata représentant des intérêts légitimes et dont on peut tenir compte.

« La révision d'un tarif, a-t-on dit, est une œuvre minutieuse, remplie de détails et de chiffres dont l'entreprise, pour une assemblée politique à laquelle il est imprudent de demander une attention soutenue pour des discussions purement techniques est difficile, sinon impossible. C'est pourquoi, il semble qu'il vaut mieux laisser ce travail au pouvoir réglementaire dans les aptitudes duquel il rentre plus naturellement ».

Cet argument renferme incontestablement une part de vérité, puisque c'est pour les raisons ci-dessus exposées, que le Parlement n'a pu encore se résoudre à donner suite aux différentes propositions ayant pour but une refonte du tarif de 1807. Mais, ainsi que le faisait remarquer M. Mazeau, l'argument en question est purement occasionnel et privatif au tarif des huissiers, puisque l'Assemblée nationale, saisie par l'initiative parlementaire d'un projet de revision du tarif des greffiers de justice de paix avait, par l'intermédiaire d'une commission nommée à cet effet, mené cette tâche à bonne fin.

D'autre part, le fait de laisser au pouvoir réglementaire le soin d'élaborer un nouveau tarif offre aussi des inconvénients. Les huissiers, disait l'exposé des motifs du projet Mazeau sont, en effet, placés au rang le plus modeste de la hiérarchie judiciaire, et il est à croire qu'ils seraient fort empêchés s'ils leur fallait exposer leurs doléances à l'administration supérieure et les discuter avec ses représentants dont ils dépendent. Ils n'auraient pas vis-à-vis d'eux, cette sincérité de langage, cette indépendance dans la discussion d'où naît la lumière qui leur permettrait de ne rien taire de leurs griefs, des causes qui les ont produits et des moyens d'y apporter un adoucissement. Les huissiers seront certainement plus rassurés devant une commission législative qu'ils sauront, par avance, être très désireuse de s'éclairer, de juger sans parti pris, et où ils trouveront des garanties particulières de justice et de vérité.

En conséquence, l'article 1er du projet disposait qu'il appartiendrait au Parlement de poser, dans un nombre d'articles restreint, les règles générales de la réforme à intervenir, quitte à laisser au Conseil d'État le soin de reviser d'après ces règles le tarif existant.

La forme dans laquelle serait établie le nouveau tarif étant arrêtée, il convenait de préciser les points sur lesquels devraient porter les réformes. Là encore l'exposé des motifs indiquait sur quelle idée principale reposait l'économie du projet :

Par la législation actuelle, les huissiers, quant au chiffre de leurs émoluments, sont partagés en 3 classes qui sont déterminées par le lieu de leur résidence. Ainsi pour le même acte, l'huissier, suivant sa résidence, touche soit 2 fr. soit 1 fr. 90, soit 1 fr. 50, taxe de l'huissier de la classe inférieure ; cette différence dans la rémunération ne tient pas à ce fait que cet acte présenterait, ici ou là, des difficultés qu'il n'offrirait pas ailleurs.

Elle est uniquement fondée sur cette présomption que la vie matérielle est plus chère dans la capitale et dans certaines grandes villes que dans les chefs lieux d'arrondissement ou de canton. Cette présomption a-t-elle au temps actuel, le caractère de vérité qu'elle pourrait avoir en 1807 ?

Il est permis d'en douter, et il ne paraît pas qu'il existe aujourd'hui à ce point de vue, une différence très sensible entre les huissiers de la 1re et de la 2e classe. Quant aux huissiers de canton, si la vie, est, pour eux un peu moins dispendieuse, les actes sont moins nombreux et il y a compensation.

Par application de cette idée, le projet Mazeau consacrait dans ses articles 2 et suivants, le principe de l'unité du tarif pour tous les huissiers quelle que fut leur résidence, aussi bien en ce qui concerne la taxe des actes que pour les vacations et les frais de voyage.

Pour les actes de justice de paix, le projet allouait à l'huissier un droit uniforme de 2 francs au lieu de 1 fr. 50 et de 1 fr. 25 suivant les classes.

Quant aux actes de première et de deuxième classe et aux procès-verbaux mentionnés au décret du 16 janvier 1807, la taxe en était égalisée au taux de 2 fr. 50.

Le paragraphe 2 de l'article 3 du projet Mazeau, consacré aux offres et consignations donnait lieu à une innovation. En effet, il posait en principe que pour les procès-verbaux qui impliquent un maniement et une détention de sommes d'argent et, par suite, une responsabilité qui croît avec le chiffre de cette somme, la rémunération doit être proportionnelle à l'importance de l'intérêt dont l'huissier est chargé. Aussi, lorsque la somme offerte ou consignée dépassait 1.000 francs il devait être ajouté, en sus de la taxe, une somme de cinquante centimes par 1.000 francs ou fraction de 1.000 francs jusqu'à 100.000 francs.

En ce qui concerne les copies de pièces, le projet tenait compte de l'élévation progressive depuis 1807 des salaires payés aux clercs et copistes qu'emploient les huissiers pour demander une rémunération uniforme de 0 fr. 40 par rôle de la copie des pièces jointes à l'acte. Cette disposition avait pour effet de doubler, du moins en ce qui concerne les huissiers de province, les taxes prévues au tarif de 1807. La même augmentation était demandée pour les copies d'original dont le droit était porté du quart de l'original à la moitié.

La faculté pour l'huissier de percevoir un droit d'original par chaque partie ayant un intérêt distinct était reconnue. De cette manière, on faisait cesser les contestations qui se produisent fréquemment sur le point de savoir si l'huissier peut percevoir autant de droits d'original, qu'il y a de parties en cause, ou de parties ayant un intérêt distinct.

Le projet Mazeau accordait aussi aux huissiers un droit de visa en toute matière, lorsque cette formalité est exigée par la loi. Cette disposition avait pour but de faire cesser une anomalie. En effet, le tarif de Justice de paix n'accordant aucun droit de visa à l'huissier, même lorsqu'il est obligé de remplir cette formalité, en vertu de l'article 23 de décret de 1807, il est juste qu'il reçoive une rétribution. Il faut d'ailleurs remarquer que, pour obtenir un visa, l'officier ministériel est souvent obligé de parcourir de longues distances, et de perdre beaucoup de temps à rechercher le fonctionnaire qui doit le lui donner.

Enfin, aux termes de l'article 2, paragraphe 5 du projet, un droit fixe de répertoire de 0 fr. 20 par acte, était accordé à l'huissier pour chaque acte répertorié, en vue de l'indemniser des frais de papier timbré qu'il est obligé de faire.

Protèts. — Le projet de réforme de 1876 ne pouvait pas laisser en dehors de toute modification de tarif un acte aussi important que le protêt, surtout si l'on considère que c'est là l'exploit que les huissiers sont appelés le plus souvent à signifier. Aussi l'article 4 du projet, après avoir rappelé que la taxe des protêts avait été notablement réduite après la révolution de 1848, proposait de fixer uniformément à 2 fr. l'émolument de l'huissier pour l'original et la copie du protêt simple. Mais, il stipulait, en outre, que l'huissier aurait droit à une rémunération proportionnelle au montant de l'intérêt en cause comme conséquence de la responsabilité particulière qui pèse sur lui et de l'obligation où il se trouve de devenir détenteur de sommes d'argent parfois considérables. Par suite, quand la valenr de l'effet s'élevait au-dessus de 1.000 fr il était ajouté une taxe de 0 fr. 50 par chaque 1.000 fr. ou fraction de 1,000 fr. jusqu'à 100.000 fr.

Ventes aux enchères. — Quant aux ventes aux enchères qui, ainsi qu'on l'a vu, peuvent être faites par les commissaires-priseurs et par les huissiers, le projet Mazeau faisait disparaître l'anomalie existant entre le tarif applicable aux premiers en vertu de la loi du 18 juin 1843 et celui applicable aux seconds en vertu du décret de 1807. L'huissier touchant seulement 6 fr. par vacation et les commissaires-priseurs ayant droit à 6 0/0 sur les deniers de la vente, il pouvait arriver, ainsi que le faisait remarquer l'exposé des motifs, qu'au même jour et à la même heure, dans la même commune, deux ventes faites, l'une par un huissier, l'autre par un commissaire-priseur auraient rapporté l'une 6 fr. l'autre 120 fr. à ceux qui les avaient faites bien que le travail et les responsabilités fussent les mêmes. Le projet Mazeau faisait cesser cet antagonisme en appliquant le tarif de la loi du 18 juin 1843 aux huissiers pour tous les actes qu'ils peuvent faire concurremment avec les commissaires-priseurs.

Tarif criminel. — Le projet Mazeau examinait encore le tarif des actes en matière criminelle et en proposait l'unification en soumettant tous les huissiers, quelle que fut leur résidence, au tarif des huissiers de la première classe. Il demandait aussi l'application du tarif civil dans tous les cas où il y aurait partie en cause, ou lorsque la poursuite serait faite à la requête d'une administration constituant une sorte de personne morale, et non à la diligence du ministère public. En effet, dans ce cas, les formalités à remplir par l'huissier et les charges qui lui incombent sont les mêmes qu'en matière civile ; il est donc juste que sa rémunération soit aussi la même.

Quant à ce qui concerne les vacations qui, pour une même saisie, ne sont pas également taxées, bien qu'elles aient la même durée, M. Mazeau demandait qu'elles fussent également rétribuées. Ainsi, disait-il, dans l'exposé des motifs, pour un procès-verbal de saisie-exécution qui dure trois heures, l'article 31 du tarif alloue aux huissiers de première classe 8 francs pour la première vacation de trois heures, et si la saisie dure plus de trois heures, par chacune des vacations subséquentes, aussi de trois heures, 5 francs. Pourquoi la quatrième, cinquième et sixième heure sont-elles moins rétribuées que les trois premières? Il est difficile de le deviner. Le projet abroge cette distinction. Il ne paraît pas qu'il y ait là rien d'excessif ; il ne faut pas perdre de vue, en effet, que d'après les calculs de l'article 66 du tarif, la journée de l'huissier en 1807 était évaluée à 20 fr.

Le projet faisait aussi cesser une distinction de même nature en ce qui concerne les frais de garde. Ces frais étaient désormais taxés par jour, sans distinction entre les douze premiers jours et ceux qui suivent.

Enfin, il demandait pour les témoins l'allocation de frais de transport dont la quotité aurait atteint la moitié de ceux attribués à l'huissier ; il accordait à celui-ci en matière de vente, une vacation de 3 fr. 25, ou de 1 fr. 50 suivant la classe « pour faire taxer ses frais par le juge sur la minute du procès-verbal » et il proposait que les frais de voyage fussent désormais taxés par kilomètre.

Ainsi qu'on peut s'en rendre compte par cet exposé, le projet Mazeau refondait complètement le tarif établi par le décret de 1807 et accessoirement ceux de 1811, 1833 et 1848. Il se traduisait par une augmentation générale des taxes qui aurait eu pour effet d'élever sensiblement les frais de justice. Mais de l'avis de son auteur, cette augmentation paraît nécessaire pour atteindre le but proposé ; le relèvement d'une profession indispensable à la justice.

§ 2. — Création de bourses communes.

Aux termes de l'article 10 du projet Mazeau, il devait y avoir entre les huissiers d'un même arrondissement une bourse commune dans laquelle entrerait la moitié des émoluments de tous les actes inscrits au répertoire.

La répartition des fonds devait être faite tous les trois mois par portions égales entre les huissiers de l'arrondissement.

Quant aux autres conditions d'existence et de fonctionnement des bourses communes, elles auraient été réglées par décret rendu en Conseil d'État.

Ainsi que le faisait remarquer M. Mazeau, les bourses communes créées par cet article 10 avaient un tout autre objet que celles prévues et régies par les articles 91 et suivants du décret du 14 juin 1813 et par l'ordonnance du 26 juin 1832. Celles-ci, en effet, sont exclusivement destinées à subvenir aux dépenses de la communauté et à distribuer, lorsqu'il y a lieu, des secours, tant aux huissiers en exercice qui seraient indigents, agés, et hors d'état de travailler, qu'aux huissiers retirés pour cause d'infirmités et de vieillesse, mais non destitués, aux veuves et orphelins d'huissiers ; c'est donc, en un mot, une institution de bienfaisance.

Les bourses communes du projet de 1876, avaient un tout autre caractère.

Leur fond commun il est vrai, était bien constitue de la même manière, c'est-à-dire par le versement d'une partie des émoluments touchés par l'officier public, mais le mode de répartition en était différent. Les fonds ainsi obtenus devaient être partagés également et à des époques déterminées entre tous les memdres de la communauté d'huissiers d'un même arrondissement.

Pour justifier de cette création, M. Mazeau s'appuyait sur plusieurs arguments. En premier lieu, disait-il, la revision des tarifs, si elle était faite, ne donnerait pas d'affaires aux études qui en manquent, elle n'en augmenterait que faiblement le produit et pourrait n'aboutir, en définitive, qu'à enrichir plus vite certains officiers privilégiés sans améliorer la position des autres. Elle n'atténuerait en rien l'inégalité observée dans la répartition des actes.

D'autre part, l'institution des bourses communes contribuerait efficacement à faire disparaître la centralisation excessive de certains actes, et à abolir l'usage des remises. « La création des bourses communes, disait M. Mazeau, contribuera à élever les huissiers en dignité et en indépendance puisqu'elle leur procurera un pécule aspiré qui leur permettra d'attendre la clientèle avec patience, au lieu d'être exposés à la rechercher avec une ardeur de mauvais aloi. Enfin, elle fera monter la valeur des titres, puisqu'en traitant d'une transmission, l'acquéreur pourra désormais compter sur un produit certain ».

La création des bourses communes n'a pas reçu, jusqu'ici, la sanction du législateur, bien qu'elle ait été fréquemment demandée par les communautés d'huissiers.

Cependant, on ne peut nier qu'indépendamment des avantages exposés par M. Mazeau dans son projet, cette institution aurait de bons effets. Elle constitue le seul moyen d'empêcher d'une manière véritablement efficace, les pactisations coupables qui existent, il faut bien le reconnaître, entre certains huissiers et les particuliers. La preuve en résulte de la lettre du 3 octobre 1875, adressée par le Garde des Sceaux, M. Dufaure, au procureur général de la Cour de Lyon et d'un jugement du 30 janvier 1896, par lequel le tribunal civil de la Seine a condamné à 20.000 fr. de dommages-intérêts un huissier attaché à ce tribunal pour détournement de clientèle au moyen de remises illicites et de pactisations coupables avec un grand établissement financier.

En outre, les bourses communes rétabliraient l'équilibre de travail entre les différents offices et par suite, l'égalité des bénéfices ; elles empêcheraient aussi les huissiers qui se renferment dans la stricte légalité d'être dépouillés par leurs confrères moins scrupuleux.

Le projet Mazeau proposait de prélever sur chaque acte fait par l'huissier la moitié des émoluments qui lui sont attribués et d'en effectuer le versement à la bourse commune. Mais il convient de remarquer que cette institution était liée, dans le projet de 1876, à une augmentation très appréciable du tarif de 1807 et qu'il serait resté à l'huissier un salaire suffisant pour faire face à ses premiers besoins.

Les communautés d'huissiers qui ont demandé le rétablissement de la bourse commune ont été plus loin. Elles ont proposé le versement des 3/5 des émoluments de l'huissier; cette quotité, exposent-elles, qui, au premier abord paraît fort élevée, est nécessaire pour empêcher l'huissier de faire une remise quelconque et elle lui laisse cependant une part suffisante pour ne pas détruire en lui tout sentiment d'initiative resultant de l'intérêt personnel. Ceci n'est pas démontré et il semble qu'un versement de 2/5 serait suffisant.

En outre, on objecte contre ce système qu'en créant des bourses communes dont le fonds commun serait alimenté par tous le huissiers du ressort d'un même tribunal, on empêche de tenir compte des qualités personnelles de l'huissier. Tel huissier, par exemple, qui par le soin, l'inexactitude qu'il apporte dans l'accomplissement de son ministère, par l'initiative et l'intelligence dont il a su faire preuve pour sauvegarder les intérêts de ses clients et qui, enfin, par la modération qu'il apporte dans l'exercice de ses fonctions souvent délicates et difficiles, a su se constituer une clientèle nombreuse et sûre ne tirera pas de son étude un revenu beaucoup plus considérable que l'huissier négligent ou d'abord difficile aux offices duquel personne ne veut recourir. Tous deux verseront les 3/5 des émoluments auxquels ils ont droit : l'un versera beaucoup et l'autre peu. Cependant, au moment de la répartition, leurs parts seront égales. Ainsi, les bourses communes avec abandon des 3/5 seraient, semble-t-il un encouragement donné à l'inactivité, au détriment des huissiers zélés et consciencieux.

En vertu de la loi du 18 juin 1843, les bourses communes fonctionnent entre les commissaires-priseurs d'une même résidence. Ces bourses sont alimentées par la moitié des droits proportionnels qui sont accordés à ceux-ci sur chaque vente et la répartition en est faite tous les deux mois. On s'est d'ailleurs appuyé sur cet exemple pour demander l'extension aux huissiers de cette institution qui fonctionne à la satisfaction des intéressés et qui contribue à donner à leurs charges une valeur à peu près constante.

§ 3. — **Abrogation de l'article 18 de la loi du 25 mai 1838**.

Une autre des réformes proposées par le projet Mazeau de 1876 était l'abrogation de l'article 18 de la loi du 25 mai 1838. Aux termes de cet article, dans les causes portées devant la Justice de paix, aucun huissier ne pourra, ni assister comme conseil, ni représenter les parties en qualité de procureur fondé à peine d'une amende de 25 à 50 francs qui sera prononcée sans appel par le juge de paix. L'article 19 ajoute que le juge de paix peut en outre, prononcer la suppression pour trois mois.

Ces dispositions qui ne furent que difficilement adoptées en 1838, au moment du vote de la loi, soulèvent depuis longtemps des protestations assez vives. On faisait remarquer, alors comme aujourd'hui, dit M. Mazeau dans l'exposé des motifs, que si dans les villes, des hommes instruits consentent souvent à venir plaider devant la justice de paix, il n'en est pas de même dans les campagnes, où l'on est obligé de choisir entre l'huissier et quelques mauvais praticiens, n'ayant aucune considération. On ajoutait que prononcer une exclusion générale et absolue contre tous les huissiers, c'était signaler en quelque sorte toute une classe d'officiers publics comme indignes de la confiance des parties... Il y a incontestablement une part de vérité dans cet argument, et chacun reconnaît à notre époque, que la défiance témoignée à l'huissier par le législateur de 1838, n'est pas justifiée. Mais s'il semble équitable de lui donner accès devant la justice de paix afin d'y représenter les parties, à titre de procureur fondé, on reconnaît aussi qu'il faut faire une exception pour les huissiers de service à l'audience du juge de paix et pour ceux ayant exploité dans la cause soumise au juge. Cette dernière restriction n'était pas apportée à la compétence de l'huissier dans le projet Mazeau. Elle doit cependant être maintenue car celui-ci aurait un intérêt évident à empêcher toute conciliation et c'est précisément ce que le législateur de 1838, a voulu éviter.

§ 4. — Création de clercs assermentés

Ainsi qu'on l'a vu, la disposition de l'article 45 du décret du 14 juin 1813, qui oblige l'huissier à signifier lui-même les actes de son ministère, a soulevé des réclamations très vives et, dans l'impossibilité dûment constatée de la faire appliquer, les parquets tolèrent qu'elle soit inobservée, et ne prononcent point les peines particulièrement graves édictées contre les huissiers, qui font remettre leurs copies par des tiers.

Dans le but de remédier à cette situation, qui cause un grand préjudice moral aux huissiers en les faisant vivre en contravention perpétuelle avec la loi, M. Mazeau proposait la création de clers assermentés. En effet, l'article 11 de son projet décidait :

« *Article 11.* — Il sera établi facultativement auprès de chaque communauté d'huissiers, et sur sa demande, des commis ou clercs assermentés. Ces clercs pourront, sous la responsabilité, vis-à-vis des justiciables, des huissiers qui les emploieront, délivrer les copies d'exploit, notifier toute copie de pièces, obtenir tout visa et accomplir les formalités relatives aux protêts. L'article 45 du décret du 14 juin 1813 est abrogé en ce qu'il a de contraire à cette disposition.

Un décret rendu en Conseil d'État réglera l'organisation et les attributions des clercs assermentés ».

En 1876 cette création était déjà reconnue nécessaire. Mais, malgré son caractère d'indiscutable opportunité, cette proposition que son auteur eût peut-être le tort de ne pas disjoindre de l'ensemble du projet, suivit le sort de celui-ci et ne fut pas mise en exécution.

Plus tard en 1884, le Garde des Sceaux, M. Demôle, ayant déposé au Sénat un projet de loi portant revision des titres 1 à 16 du livre II, partie première du Code de procédure, il fallut se préoccuper de nouveau, au titre des ajournements, de la remise des exploits.

A ce sujet l'exposé des motifs s'exprimait de la façon suivante :

« La Commission a dû se préoccuper d'assurer la remise exacte des actes d'huissiers et du mode le plus économique et le plus sûr qui pourrait être employé dans ce but. Le décret du 14 juin 1813, article 45, prescrit sous une sanction sévère aux huissiers de notifier eux-mêmes les actes dont ils sont chargés. Cependant l'observation de ces prescriptions est difficilement obtenue, parfois en raison du nombre des actes qu'un même huissier peut être appelé à notifier dans la même journée, et des transports qu'il est obligé d'effectuer ; à cet effet depuis plusieurs années, les communautés d'huissiers ont demandé l'autorisation de s'adjoindre des clercs assermentés qui pourraient, en leur lieu et place faire les notifications. Déjà le projet de loi sur les protêts déposé, en 1884 à la Chambre des députés, a en partie, donné satisfaction à ce désir en autorisant l'institution de clercs assermentés qui, pour les huissiers et sous leur responsabilité, auront le droit de notifier les actes de protêts. La commission s'est inspirée de ce projet et en étend la disposition en permettant aux clercs assermentés de signifier les exploits d'ajournements.

PROJET DEMOLE 1884

REMISE DES COPIES PAR LA POSTE

Mais, indépendamment de la création de clercs assermentés, la commission extra-parlementaire, chargée d'élaborer le projet en question proposait concurremment un autre mode de remise : la remise par la poste. En effet aux termes de l'article 18 du projet les actes destinés à une personne domiciliée dans la circonscription judiciaire où l'huissier instrumente pouvaient être remis par lui à la poste, sous double bande, et avec recommandation. Le timbre et le numéro d'ordre de la poste auraient été apposés sur la bande et sur l'acte, qui aurait été remis par le facteur contre récépissé daté et signé.

Cette remise dont la date était déterminée par la dernière empreinte du timbre du bureau de poste du destinataire apposé par le receveur avant la mise en distribution constituait la signification. Un avis en était donné par le receveur des postes à l'huissier qui devait mentionner immédiatement sur l'original la signification et sa date et y annexer l'avis. Il devait également, à la date de l'avis répertorier l'acte et le faire enregistrer dans les 4 jours qui suivent la signification.

Si l'acte n'avait pu être remis pour cause d'absence ou de refus du destinataire, il devait être renvoyé à l'huissier avec un avis indiquant la cause pour laquelle la remise n'avait pas eu lieu et, dans ce cas, la signification devait en être faite par la voie ordinaire.

L'exposé des motifs du projet Demôle développait cette proposition en en faisant ressortir les avantages. Les dispositions précises et détaillées par l'article 18, disait-il, montrent suffisamment que toutes les précautions sont prises pour assurer la régularité des transmissions. La poste n'est ici qu'un intermédiaire employé par l'huissier pour s'éviter un déplacement. Si l'acte est remis par le facteur à l'intéressé, la signification résulte de cette remise constatée par le récépissé donné au facteur. Si la remise n'a pu avoir lieu, l'acte est renvoyé à l'huissier qui fera la signification par les voies ordinaires. Il pourra, dans ce cas, y avoir un retard de 48 heures dans la signification. Ce sera un risque rare d'ailleurs à courir, car c'est à l'huissier d'apprécier dans quelles circonstances il peut employer sans danger la voie de la poste.

La faculté d'user de l'intermédiaire de la poste n'entraîne pas dérogation à ce principe général que les huissiers n'ont pas compétence, pour notifier les actes hors de la conscription judiciaire où ils sont institués. C'est ce qu'indique formellement le paragraphe 1 de l'article 18.

« Les frais d'envoi par la poste des exploits d'ajournement seraient extrêmement faibles. La Commission devrait toutefois se préoccuper de savoir à qui ils incomberaient. A cet égard, une distinction a été faite, elle n'est pas écrite dans la loi, mais elle résulte des discussions et sera édictée dans le tarif. Si l'acte est notifié dans un lieu situé à moins de 5 kilomètres de la résidence de l'huissier, celui-ci n'a droit à aucune indemnité de transport. S'il trouve préférable, pour éviter une course, de confier l'exploit à la poste, c'est dans son propre intérêt qu'il agit, et les frais sont à sa charge.

« Si l'acte doit être notifié dans un lieu plus éloigné, des frais de transport seraient dûs à l'huissier. Confiant l'acte à la poste, il ne pourra réclamer son transport, car il n'a pas fait la course qui ouvre le droit à une indemnité ; les frais ne doivent pas néanmoins, rester à sa charge. Il lui sera donc accordé le remboursement de ses avances, plus une vacation pour déplacement à la poste.

« Cette vacation constituera pour lui un bénéfice qui le portera souvent à user de l'intermédiaire de la poste et à généraliser ainsi un mode de remise des actes dans lequel les plaideurs trouveront de grands avantages. Le prix moyen des transports par huissier est évalué actuellement à 5 fr. Les frais d'envoi par la poste, ajoutés à la vacation de l'huissier seront loin d'atteindre cette somme. Il en résultera donc une sensible économie, principalement, pour les instances de médiocre importance. »

Pas plus que le projet Mazeau de 1876, le projet Demôle ne fut mis en discussion. Le Parlement n'eut donc pas à se prononcer sur l'opportunité d'une réforme ayant pour but de permettre la remise des copies d'exploits par la voie de la poste.

D'ailleurs, ce système qui semble séduisant au premier

abord, offre de graves inconvénients, si l'on tente de le mettre
en pratique. En effet, le clerc d'huissier qu'on charge de la
remise de la copie est en général un peu au courant de
la procédure. Il sait au besoin rectifier l'orthographe d'un
nom, il sait aussi à qui doit être remise la copie au lieu et
place du destinataire et, dans les cas contentieux, il peut
immédiatement en référer à l'huissier.

Au contraire, le facteur ne fera aucune rectification, si
elle est nécessaire, pour cette raison qu'il n'a pas à s'en
occuper. D'autre part, s'il ne trouve pas le destinataire,
au domicile indiqué, il rapportera le pli à l'administration,
qui le versera dans le service d'un autre facteur afin de le
faire parvenir, s'il est possible, à celui à qui il est destiné.
Si, malgré ces recherches, on ne le retrouve point, ou
renverra la copie à l'huissier qui la recevra, alors que les
délais de signification seront expirés.

Le facteur des postes ne fera pas non plus les perquisitions
et les recherches que ferait le clerc d'huissier, pour retrouver
un adversaire que l'huissier ou son clerc auraient certainement découvert, et il en résulterait pour le public un préjudice souvent considérable.

Il faut aussi remarquer que pour les actes à échéance, tels
que ceux qui sont faits en cas d'appel, ou dans le but d'éviter une prescription, ces actes sont souvent remis à l'huissier au dernier moment et, dans ce cas, la signification ne
comporte ni retard ni erreur.

Le nombre des cas dans lesquels la signification par la
poste serait applicable est donc limité. Mais, même dans les

cas où ce mode de signification pourrait être employé, on se heurte à une objection que les auteurs du projet de 1884 n'ont point résolu. En effet, qui endossera la responsabilité de la remise ? L'Administration des postes ne voudra pas l'assumer parce quelle peut entraîner, au point de vue pécuniaire, des conséquences très graves. Quant à l'huissier, on ne peut raisonnablement le rendre responsable des fautes de l'administration. Le système se traduit donc par une absence complète de responsabilité qui ne donne aucune garantie, aux parties. Pour cette raison il ne semble pas qu'il puisse être adopté.

Cette opinion est d'ailleurs celle de la Chambre de Commerce de Paris qui, dans sa séance du 23 juin 1890, a repoussé par une délibération motivée, le projet Rabier aux termes duquel les protêts pourraient être faits désormais par le service des postes.

« Ne devons-nous pas demander, disait le rapport adopté par cette compagnie, qu'on laisse l'administration des postes dans son rôle, déjà bien assez considérable et absorbant, qu'on ne lui attribue pas des missions qui sortent de sa compétence et feraient peser sur elle et, par suite sur l'État, des responsabilités pécuniaires qu'elle n'encourt pas, et qu'elle ne doit pas encourir.....

« Le facteur des postes, en admettant que son temps et ses forces suffisent à toutes les tâches dont on le surchage, va-t-il donc passer au rang d'officier ministériel ? Le pourrait-il, le voudrait-il, qu'il serait absolument incapable d'en remplir les fonctions.

« Le facteur de nos campagnes est un fort honnête homme, mais son instruction est forcément incomplète, et il ne peut être douteux pour personne que l'accomplissement des formalités du protêt donnerait lieu à des embarras insurmontables ».

On peut étendre à la remise des exploits en général ces paroles qui sont l'expression de la réalité, et il apparaît que le seul mode de remise qui soit capable de donner satisfaction, aussi bien aux intérêts des huissiers qu'à ceux des parties est la remise par clercs assermentés.

La création, maintes fois demandée de ces auxiliaires des huissiers, paraît devoir être prochainement réalisée. En effet, la Chambre des députés, en votant, le 31 mars 1898, la proposition de loi de M. Gamard, sur le secret des actes signifiés par les huissiers, avait introduit, sur le rapport de M. Lebret, deux dispositions aux termes desquelles les huissiers pourraient se faire suppléer pour la délivrance des copies, et les notaires et les huissiers pour la délivrance des protêts par des clercs assermentés.

Cette création fut également admise par la commission du Sénat, saisie du texte adopté par la Chambre des députés. Mais, alors que cette assemblée s'était bornée à poser le principe de l'admission des clercs assermentés, laissant à un règlement d'administration publique, le soin de fixer les conditions de recrutement, le nombre et le fonctionnement de ces clercs, la commission du Sénat crut devoir compléter l'article 1er, en règlementant l'organisation et le mode d'admission des clercs.

A cette occasion, des divergences graves se firent jour, et deux opinions différentes furent soutenues :

Suivant la première opinion, qui a prévalu devant la commission et a été formulée dans l'article 1er de la proposition de loi, les clercs assermentés devaient être attachés à un office d'huissier déterminé. Chaque huissier prendrait à son service, et aurait sous ses ordres, sous sa responsabilité, selon l'importance de son étude, un certain nombre de clercs, et c'est à l'aide de ce personnel complémentaire, et assermenté qu'il devrait faire face aux exigences des significations.

D'après un second système, les clercs ne seraient pas rattachés à telle ou telle étude : ils ne relèveraient, au contraire, d'aucune d'elles spéciablement, mais seulement de la Chambre de discipline qui en fixerait le nombre, les nommerait, règlerait leur situation et exercerait sur eux l'action disciplinaire. Sans constituer, à proprement parler, une corporation, ils seraient groupés par la Chambre dans un ou dans plusieurs bureaux communs, où seraient déposés tous les actes que les huissiers ne pourraient pas signifier eux-mêmes.

Dans cette organisation, lorsqu'un huissier serait surchargé d'un nombre considérable d'actes à signifier, ou de protêts à faire, il n'aurait qu'à s'adresser au bureau des clercs assermentés, pour y trouver les employés qui lui seraient nécessaires.

Ce second système est celui soutenu par la Chambre des

huissiers de la Seine qui estime que, seul, il est pratiquement utile.

Elle fait remarquer que si les clercs assermentés devraient être rattachés spécialement à tel ou tel office déterminé, leur nombre, dans les grandes villles, serait très élevé : à Paris, il en faudrait de 700 à 1000 ; il en résulterait une aggravation sensible des frais généraux des offices, sans avantages apréciables : c'est, en effet, surtout au moment des échéances, que certaines études sont surchargées de significations ; or, les huissiers qui prendraient à leur service des clercs assermentés en nombre suffisant pour leurs besoins normaux, se trouveraient encore dans l'impossibilité de faire face aux exigences qui se produisent à certaines époques mensuelles.

D'autre part, on a fait valoir contre le système préconisé par les huissiers de la Seine qu'il aboutirait à créer, à côté des corporations existantes, une corporation nouvelle de *sous-officiers ministériels,* qui viendrait encore augmenter le personnel et surcharger le mécanisme de notre organisation judiciaire.

On ajoute que, par le fait même que les clercs assermentés ne seraient pas attachés à une étude spéciale, mais à toutes les études d'huissier d'un arrondissement, on serait forcé d'arriver, pour assurer leur rétribution, au rétablissement de la bourse commune à laquelle le Sénat s'est ouvertement déclaré hostile.

En présence de cette divergence d'opinions, le Procureur de la République de la Seine, par une lettre circulaire en date du 3 février 1899 a demandé aux chambres des huissiers de formuler leur avis sur le meilleur parti à prendre en vue d'assurer à l'institution des clercs assermentés un fonctionnement efficace, capable de concilier tous les intérêts en cause, et notamment sur la situation et le rôle de ces agents, leur responsabilité, la discipline à laquelle ils seront soumis, les conditions dans lesquelles s'opèrera leur recrutement et les garanties qu'ils devront présenter.

Sur la demande de la chambre des huissiers de Paris, le comité des Huissiers de France s'est réuni le 14 février 1899 et, à l'unanimité moins une voix, a adopté le projet suivant relatif à la création et à l'organisation des clercs assermentés.

PROJET DU COMITÉ DES HUISSIERS DE FRANCE

DU 14 FÉVRIER 1899

Article Ier. — Pourront les huissiers, sous leur responsabilité vis-à-vis des justiciables, se faire aider, par leurs clercs assermentés, pour la délivrance matérielle des copies d'exploits, notifications de toutes copies de pièces, même aux cas de commission l'obtention de tous visas, et pour l'accomplissement des formalités prescrites pour les protêts, les besoins et les interventions.

Article II. — Les actes dits de seconde classe et les

procès-verbaux continueront d'être faits et dressés par les huissiers exclusivement.

Article II bis. — Le clerc assermenté ne sera responsable que de la matérialité de la délivrance des copies, l'huissier demeurant seul civilement responsable de tout le contenu de l'exploit.

Le clerc assermenté certifiera la remise de la copie, par une mention apposée tant sur l'original que sur ladite copie et contenant l'indication du « parlant à... » exigé par l'article 68 du Code de procédure civile.

Article III. — Pour être admis à l'assermentation, il faudra justifier être majeur, Français, jouir de tous ses droits civils, n'avoir encouru aucune condamnation, être de bonne vie et mœurs, et avoir fait un stage d'au moins un an, dans une étude d'huissier ou de notaire.

Article IV. — Les clercs que la Chambre de discipline aura jugés admissibles seront, après communication préalable du dossier à M. le Procureur de la République, et sur son avis favorable, présentés par elle à l'agrément de M. le Président du tribunal civil devant lequel ils prêteront serment de bien et fidèlement remplir leur mandat.

Article V. — Le clerc assermenté attaché spécialement à une étude pourra néanmoins procéder indistinctement pour tous les huissiers exerçant près le même tribunal.

Article VI. — Chaque huissier aura droit d'avoir au moins un clerc assermenté.

Les Chambres de discipline détermineront par une délibération, les études d'huissiers qui auront la faculté d'employer plusieurs clercs assermentés, elles fixeront le nombre de ces clercs.

Dans les villes où les huissiers audienciers d'un tribunal sont réunis en un bureau commun pour le service des audiences, les Chambres de discipline détermineront également le nombre des clercs assermentés qui seront attachés à chacun de ces bureaux pour la signification des actes réservés spécialement à ces audiences.

Les chambres de discipline pourront autoriser plusieurs huissiers à concentrer leurs clercs assermentés pour la délivrance de leurs actes et la régularisation des protêts dont ils sont chargés.

Les delibérations visées dans le présent article seront communiquées à M. le Procureur de la République, puis seront soumises à l'agrément de M. le Président du Tribunal.

En cas de contestations, il sera statué en chambre du Conseil.

Article VII. — Le clerc assermenté restera le subordonné de l'huissier qui l'aura présenté à l'assermentation, et à l'étude duquel il sera attaché spécialement. L'huissier ou le président du bureau d'audienciers qui l'aura accepté, et fait assermenter pourra le congédier selon ses convenances, sans être astreint vis-à-vis de lui, à d'autre règles que celles resultant du droit commun ou de conventions légitimement conclues. Dans tous les cas, et par le seul fait de son congédiement le clerc assermenté cessera immédiatement de plein droit ses fonctions, sauf à se faire agréer et assermenter à nouveau par un autre huissier.

Article VIII. — Les Chambres de discipline apprécieront les reproches ou plaintes concernant les clercs assermentés. Elles pourront prononcer contre eux, suivant le cas, l'avertissement, le blâme, la suspension, ou la révocation sans préjudice de l'action du ministère public.

Article IX. — Il sera tenu à chaque chambre, un registre d'inscription des clercs assermentés avec indication de leurs nom et prénoms, de la date et du lieu de leur naissance, ainsi que la date de leur prestation de serment et des annotations et énonciations des décisions prises à leur égard.

Article X. — Toute attaque, toute résistance avec violences, voies de fait envers un clerc assermenté donneront lieu, à l'application des articles 209 et suivants du Code pénal.

L'outrage fait par paroles, gestes ou menaces sera puni des peines portées à l'article 224 du même Code.

Ainsi qu'on le voit par le texte de ce projet, les deux systèmes proposés pour la création des clercs assermentés ont été combinés dans toute la mesure où ils sont compatibles. L'huissier de canton aura, dans la personne du clerc assermenté, un auxiliaire à qui il pourra déléguer sans contrevenir à la loi une partie de ses fonctions ; l'huissier des grandes villes pourra répartir entre le clerc attaché à son étude et ceux attachés aux autres études, les copies à signifier au lendemain des échéances. Cette disposition a un grand intérêt pratique, car dans une ville comme Paris, où les courses sont forcément très longues, il est préférable de pouvoir confier à un seul clerc toutes les significations à faire dans différents quartiers.

Aussi, il semble que le projet du Comité des huissiers de France mérite d'être pris en sérieuse considération, et puisqu'il donne satisfaction à différents intérêts en cause, il pourrait sans inconvénient servir de base au projet de loi à intervenir.

PROJETS DE RÉFORME RELATIFS AUX PROTÈTS

Ainsi qu'on l'a vu, la législation actuelle des protêts à soulevé des critiques qui paraissent en tous points fondées et les abus dont elle permet l'existence ont été si souvent dénoncés, soit dans la presse, soit dans le Parlement, soit par les parquets chargés de requérir l'application de la loi, qu'à différentes reprises le Gouvernement a pris l'initiative de remédier à une situation aussi préjudiciable pour le trésor que pour les particuliers.

Parmi les projets déposés depuis 1875, le premier en date est celui qui fut présenté par le Garde des Sceaux Le Royer, en 1879. Aux termes de ce projet l'acte de protêt devait être fait seulement le surlendemain du jour de l'échéance. Mais on fit valoir à cette occasion toutes les critiques qui devaient empêcher plus tard la mise en discussion de projets analogues et le projet du Gouvernement fut retiré.

En 1884, M. Martin Feuillée saisit la chambre des Députés d'un nouveau projet, plus complet que le précédent, qui

réglait non seulement la question du délai pendant lequel
le protêt devait être fait, mais encore la forme de cet acte
dont il simplifiait les formalités. Il cherchait aussi à donner
satisfaction à des vœux d'ordres divers qui avaient été for-
mulés. Mais, une fois de plus l'initiative prise par le Gouvernement n'eut pas de résultats car la Chambre se sépara
avant d'avoir pu discuter ce projet.

Deux années plus tard, dans la séance du 6 janvier 1886,
M. Demôle, Garde des Sceaux, ministre de la justice, présente un troisième projet de loi portant modification à la
législation sur les protêts. Dans l'exposé des motifs qui
précédaient le texte soumis aux discussions du Parlement et
qui, en réalité ne faisait que reproduire dans ses grandes
lignes le projet Martin-Feuillée de 1884, M. Demôle s'appuyait sur l'autorité de son prédécesseur pour rappeler
toutes les raisons qui semblaient nécessiter une réforme et,
particulièrement, au point de vue du délai à accorder aux
huissiers pour la signification des protêts.

Il montrait aussi que la prolongation de ce délai n'a-
vait pas tous les inconvénients qu'on lui avait supposés en
1879.

« La prolongation du délai dans lequel doit être notifié le
protêt, disait-il, avait déjà été étudiée en 1879. M. le Garde
des Sceaux Le Royer avait, à cette époque, déposé au Sénat, un projet aux termes duquel l'acte de protêt devait être
fait seulement le surlendemain du jour de l'échéance. Des
protestations se produisirent et il ne fut pas donné suite à
ce projet. Retarder d'un jour la date du protêt et dire qu'il

sera fait seulement le surlendemain de l'échéance, c'est peut-être donner une prime aux débiteurs négligents, c'est inscrire dans la loi, en leur faveur, un délai de grâce et faire remise d'un jour d'intérêts au préjudice du créancier et de ceux qui tiennent à faire honneur à leur signature à l'instant même où elle leur est présentée. Mais, si, comme dans le projet que nous avons l'honneur de déposer et comme l'avait admis la commission du Sénat en 1879, la loi porte que le protêt pourra être fait dans l'un ou l'autre des deux jours qui suivent l'échéance, les mêmes objections ne peuvent plus être formulées : ce système, au contraire, présente de sérieux avantages.

« La règle, comme sous l'empire de l'article 162, est toujours que le protêt doit être fait le lendemain de l'échéance. La faculté de faire le protêt le deuxième jour après l'échéance est une facilité donnée aux agents de la loi ; elle ne peut jamais dégénérer en un délai de grâce laissé aux débiteurs. Ceux-ci savent que le protêt peut être fait le lendemain de l'échéance. Ils n'ont pas à se plaindre si la loi leur est appliquée.

« Et qu'on ne dise pas que par l'extension du délai, les officiers publics ou ministériels se laisseront entraîner à des tolérances nouvelles, et ne commenceront leurs protêts que le dernier jour ; dès qu'ils ont le temps nécessaire pour dresser leurs actes, les tolérances devront disparaître, les prescriptions légales devront être fermement maintenues. On ne pourra plus admettre que les actes soient dressés en dehors des délais légaux et que les dates en soient altérées.

Soucieux de leur responsabilité, les huissiers ou notaires n'accepteront pas que des effets de commerce leur soient remis, pour le protêt, à une date tardive, ils devront bénéficier de la totalité du délai, dont le seul but est de rendre possible l'application de la loi ; l'attention qu'ils mettront à ne point s'exposer aux mesures disciplinaires par leur négligence ou leur tolérance injustifiées donne la certitude qu'ils ne laisseront point détourner de son but le délai que la loi leur accorde.

« Ces considérations, ajoutait-il, nous ont paru déterminantes, et nous avons maintenu la possibilité de faire le protêt le surlendemain de l'échéance lorsqu'il n'aura pu être fait le lendemain. On a formulé contre cette disposition deux critiques qui, après nouvel examen, n'ont pas paru décisives. On s'est ému de l'arbitraire laissé à l'huissier, qui a le choix entre deux jours pour régulariser le protêt ; nous n'apercevons pas le danger de cette situation. Le débiteur qui, à l'échéance, ne fait pas face à ses engagements s'expose à toutes les sévérités permises par la loi et ne doit pas l'ignorer, il a encouru des poursuites ; que l'acte préliminaire de ces poursuites, le protêt, qui sauvegardera les droits du porteur à l'encontre des endosseurs, soit exercé dès le premier jour seulement, ou dès le lendemain ; c'est un fait dont le tiré ne peut se plaindre. Si l'objection était exacte, le débiteur, actuellement, pourrait aussi se plaindre lorsque le protêt lui est signifié le matin du jour qui suit l'échéance et accuser l'huissier de malveillance, pour n'avoir pas attendu la dernière heure du délai.

On objecte aussi que le banquier voudra percevoir l'escompte, jusqu'au délai extrême pour ne pas perdre un jour d'intérêts. Mais il faut remarquer, à cet égard, que le projet ne change en rien la date de l'échéance. Le délai de deux jours n'est pas une prorogation du terme du billet, c'est simplement un laps de temps accordé à l'huissier pour régulariser son acte.

« Les arguments invoqués contre la solution que reprend l'article 162 n'ont donc pas, croyons-nous, une gravité réelle. D'autre part, il est indispensable que les prescriptions de la loi soient observées, et il n'est rien de plus dangereux que de conserver des dispositions légales impératives, dont la transgression est tolérée et imposée par la force des choses ; il n'est pas moins nécessaire de protéger le Trésor contre les fraudes commises, sans léser aucun intérêt. Nous en avons la conviction, la mesure proposée atteindra le but ».

En résumé, ce projet concluait à la substitution du texte suivant à l'article 162 du Code de commerce.

Article 162. — « Le refus de paiement doit être constaté le lendemain, ou, au plus tard, le surlendemain du jour de l'échéance, par un acte que l'on nomme « protêt faute de paiement ».

Les jours fériés légaux ne sont pas compris dans ce délai.

Quant à ce qui concerne les formalités prescrites par le Code de commerce dans la confection du protêt, le projet Demôle, en demandait la simplification, ainsi que l'avait fait précédemment le projet de 1884. A ce sujet, l'exposé des motifs faisait valoir d'utiles considérations qu'il importe de relever.

« L'une des causes qui rendent la signification des protêts difficile et souvent impossible dans les délai légaux est la complication des écritures exigées par la législation actuelle. Il est nécessaire, en effet, que l'officier ministériel fasse la copie entière du titre à protester, libelle longuement l'acte du protêt, et enfin le transcrive sur un registre spécial ; il doit encore faire une copie de ce même acte pour le débiteur. De là, pour les huissiers, des frais considérales et une perte de temps qui ne leur permet pas toujours d'assurer la signification régulière d'un grand nombre d'actes. »

Sous l'empire de la législation actuelle, il faut pour chaque protêt trois écritures complètes, se répétant l'une l'autre et sans aucune utilité pour personne. Il y aurait un avantage considérable, pour les huissiers comme pour les particuliers à ce que l'émolument à percevoir fut moindre et que l'acte n'entrainât pour l'huissier qu'une besogne presque nulle. C'est à ces conclusions qu'aboutissait le projet Demôle et c'est dans le sens d'une simplification très appréciable de l'acte du protêt qu'était rédigé le nouvel article 174 du Code de Commerce.

Article 174. — Le protêt comprend 3 parties :

1) La souche sur laquelle sont inscrits les noms et demeure de l'huissier ou notaire, le montant de l'effet et la date de son échéance, la date du protêt, le nom et l'adresse de celui qui doit payer, le nom et l'adresse du porteur ;

2) L'acte du protêt qui porte les mêmes indications et indique, en outre, la personne à qui on a parlé, sa réponse, la constatation de l'absence du débiteur ou du refus de paiement ou d'acceptation, les droit et émoluments, perçus. Le protêt doit être signé de l'huissier ou notaire. L'acte d'intervention y sera mentionné ;

3) Le bulletin d'avis du protêt indiquant le notaire ou l'huissier qui a dressé le protêt, le nom du tiré, le montant de l'effet, et la date de son échéance, le nom du tireur et le nom et l'adresse du porteur.

En cas d'absence du tiré, le bulletin d'avis du protêt, est laissé au lieu ou le protêt doit être fait. S'il n'est trouvé personne, l'acte de protêt le constate.

On ne peut nier que cette modification eût été heureuse à certains points de vue puisque par ce moyen là la perte de temps et les frais qu'entraînent les trois copies auraient été évités.

La souche du carnet aurait remplacé le registre sur lequel doivent être inscrits les protêts dressés et c'est sur le vu de cette souche qu'auraient été perçus les droits d'enregistrement. Dans ces conditions, l'acte du protêt devenait une simple feuille extraite du carnet et sur laquelle l'huissier n'aurait eu à inscrire qu'un chiffre, une date, le nom du débiteur, du créancier et celui à qui l'effet protesté est présenté.

Quant à la copie du protêt, elle aurait été remplacée par un simple bulletin d'avis.

Aux termes de l'exposé des motifs du projet de loi, les

formules des carnets à protêts devraient être préparés par l'administration dans les conditions qui en faciliteraient l'emploi et qui donneraient des garanties complètes au public contre tous les abus. Elles auraient été livrées aux officiers ministériels moyennant un prix représentant le coût de revient de l'impression, soit environ, un centime par acte de protêt.

Enfin, ces dispositions étaient complétées par une modification dans la perception des droits d'enregistrement, de manière à dégrever sensiblement les petits protêts. Au lieu du tarif fixe et invariable de 1 fr. 50 en principal qui s'applique actuellement à ces actes, il aurait été établi un tarif gradué, d'après le montant des effets protestés.

Ce projet, dans son ensemble, offrait donc l'avantage de rendre plus rapides, en les simplifiant, les formalités de rédaction et de signification des protêts et de répartir plus équitablement les frais d'enregistrement. Mais, dans le désir très louable de donner aux huissiers le moyen de se conformer à la loi sans qu'il en résultât pour eux, des dépenses et un travail excessifs au moment des échéances, les protagonistes de la réforme sont allés, semble-t-il, un peu loin, et c'est là une des causes pour lesquelles le projet Demôle n'a pas abouti.

En effet, en supprimant la copie du protêt et en supprimant dans le protêt la copie du titre, on soustrait à l'examen du débiteur, le titre qui lui est opposé. A l'encontre de cet argument, on fait valoir il est vrai que ce qu'il est indispensable au tiré de connaître, c'est le tireur, le porteur de l'effet, la somme à payer et la date de l'échéance. Or, ces indications se trouvent dans le bulletin d'avis de protêt laissé par l'huissier et le tiré est, par suite, suffisamment averti de toutes les circonstances qu'il a intérêt à connaître.

On expose aussi, qu'en fait, les huissiers ne délivrent jamais la copie du protêt, mais laissent simplement au domicile du tiré une fiche indiquant leur adresse. C'est là un fait connu et toléré parce qu'on a reconnu que les huissiers n'ont matériellement pas le temps, à chaque échéance, de rédiger les copies des protêts qu'ils ont à signifier et que d'autre part, la divulgation de la copie laissée entre les mains des tiers, causerait un préjudice considérable aux personnes contre lesquelles les protêts ont été faits.

Depuis la loi du 16 février 1899, ce second motif n'existe plus, mais le premier conserve toute sa valeur. Aussi, quoiqu'on objecte que le tiré sera naturellement porté à n'attacher aucune importance à un bulletin qui n'énonce même pas le titre en vertu duquel on le poursuit, ce qui paraît d'autant plus dangereux si l'on met en regard d'une signification faite dans ces conditions les conséquences, redoutables, qui résultent pour le débiteur d'un acte de protêt. Les communautés d'huissiers se déclarent nettement en faveur du système préconisé par le projet Demôle.

Les projets de réforme qui viennent d'être examinés dénotent, de la part du législateur, une tendance très marquée, en vue d'une meilleure organisation du régime des huissiers. Ils répondent, dans leurs principales dispositions, aux demandes maintes fois formulées aussi bien par les parquets que par les huissiers, et l'on peut espérer que sous la poussée des nécessités chaque jour plus grandes, ils donneront naissance à un régime nouveau, en harmonie avec les mœurs actuelles, qui succédera à l'édifice suranné du décret de 1813.

QUATRIÈME PARTIE

Législation comparée

Lorsqu'on examine les institutions comparées des différents peuples de l'Europe en ce qui concerne le mode d'exécution des fonctions d'huissier, on se rend facilement compte qu'à part quelques différences de détail, les règles générales qui régissent cette organisation sont à peu près les mêmes.

Il faut en attribuer la cause à ce fait que le régime des fonctions d'huissier, a été établi en France sur de nouvelles bases en 1813. Or à cette époque, l'Empire français avait atteint sa plus grande extension territoriale. Autour de la France, l'Espagne, le royaume de Naples, la République Cisalpine, la République Helvétique, le royaume de Westphalie, la Hollande et la Suède, étaient devenus des annexes de la France, et vivaient sous les mêmes lois que la métropole.

Entre eux, d'autres états nominalement indépendants, mais cependant soumis à l'influence française, avaient adoptés nos Codes et, en particulier, le Code Napoléon et le Code de procédure. On conçoit donc que, dans ces conditions, la base de l'organisation actuelle du régime des huissiers soit à peu près semblable chez les divers peuples de l'Europe et que les caractères distinctifs, ne se trouvent qne dans les parties de détail.

Les points par lesquels les législations étrangères se différencient de la législation française sont ceux pour lesquels l'organisation actuelle, procédant du décret de 1813, a donné lieu aux critiques les plus vives : la remise des copies par l'huisssier en personne et la législation relative aux protêts.

Pour ce qui a trait à la remise des copies, la plupart des législations étrangères reconnaissent capacité au clerc de l'huissier pour signifier valablement un exploit. Cependant, l'Allemagne et la Suisse ont adopté la remise par la poste, conformément au mode repris en 1884 par le projet Demôle. La tentative paraît avoir donné de bons résultats, mais il faut tenir compte que dans ces deux pays, le service des postes est chargé d'attributions beaucoup plus nombreuses et plus complexes qu'en France.

Quant aux protêts, le délai de 24 heures pendant lesquelles ils doivent être faits, d'après l'article 162 du Code du Commerce, a été étendu dans les différents pays.

En Belgique, la loi du 20 mai 1872, relative à la lettre de change et au billet à ordre, porte dans son article 53 : « Le refus de paiement doit être constaté au plus tard, le second jour après celui de l'échéance. »

En Italie, le nouveau Code de Commerce en vigueur

depuis le 1er janvier 1883, dispose, dans son article 296, paragraphe 2... « que le protêt, faute de paiement, doit être fait, au plus tard, le second jour ouvrable après celui de l'échéance. »

En Allemagne, la loi générale sur le change du 5 juin 1869, appliquée à tout l'empire par la loi du 16 avril 1871, est ainsi conçue dans son article 41 *in fine* : « Le protêt peut être fait le jour de l'échéance ; il doit être fait, au plus tard le second jour ouvrable après l'échéance. »

En Suisse, d'après l'article 162 du Code fédéral des obligations, du 14 juin 1881, le protêt ne peut être fait le jour même de l'échéance ; il doit être dressé au plus tard, le second jour non férié après celui de l'échéance.

En Angleterre, les trois jours de délai de grâce ont été maintenus par la loi du 18 août 1882. Le protêt n'est d'ailleurs en usage que pour les effets de commerce tirés de l'étranger. La notification qui le remplace et qui est faite aux tireurs et aux endosseurs, doit intervenir dans un délai raisonnable, c'est-à-dire de façon qu'elle soit adressée le lendemain du non paiement.

Enfin, les formalités relatives à la confection du protêt ont été notablement simplifiées en Suisse, en Allemagne et surtout en Belgique. Par la loi du 10 juillet 1877, la triple écriture prescrite par l'article 174 du code de commerce a été supprimée dans ce pays. Le rôle de l'agent chargé de dresser le protêt, se borne à compléter par quelques énonciations très brèves, et néanmoins suffisantes, les indications de feuillets imprimés, extraits d'un carnet à souches que délivre l'administration. Quelques minutes suffisent à dresser le protêt, le bulletin d'avis qui doit être laissé au débiteur, et à porter sommairement sur la souche, qui remplace le registre actuellement en usage en France, les indications essentielles.

Depuis le 1er septembre 1877, ce système fonctionne et les renseignements qui ont été recueillis permettent d'affirmer que l'innovation a répondu au but que se proposaient ses auteurs.

CONCLUSION

Il est hors de doute que la France pourrait s'inspirer des tentatives faites à l'étranger, pour rendre plus pratique et moins onéreux, en le simplifiant, le régime applicable aux fonctions d'huissiers. C'est là, comme le disait M. Brisson dans son rapport au Président de la République, sur les travaux de la Commission extra-parlementaire, chargée de la revision des titres 1 à 16 du Code de procédure, une des formes qui s'imposent, et qui doivent être poursuivies sans précipitation, mais avec une activité persévérante, car la législation doit constamment refléter les modifications incessantes des mœurs et des habitudes économiques d'un pays.

Mais, d'autre part, il ne faut pas oublier que la loi d'un pays doit conserver un certain caractère personnel et que c'est un mauvais expédient que de corriger une législation par des emprunts faits à des Codes étrangers qui sont, le plus souvent, l'expression de mœurs et d'habitudes tout à fait différentes.

D'ailleurs, le régime des fonctions d'huissier, tel qu'il a été établi par le décret de 1813, n'exigerait pas de modifications bien profondes pour être mis en harmonie avec le milieu actuel. Il suffirait de refondre le tarif de 1807 sur une base équitable, en dehors de toute prévention, et de permettre aux huissiers de vivre conformément à la loi sans exiger d'eux des conditions impossibles à réaliser.

Avec ces modifications qui, il faut le reconnaître, sont indispensables, on contribuerait à rendre aux fonctions d'huissier toute la considération qui doit entourer l'exercice d'un ministère dont l'action est intimement liée à celle de la justice. On ferait disparaître la course aux affaires et les tolérances qui sont actuellement nécessaires, on donnerait une vie nouvelle à l'édifice établi par le décret du 14 juin 1813 et l'huissier, délivré enfin de la défaveur qui s'attache à sa fonction, parce qu'il est obligé de vivre en contravention avec la loi, remplirait comme il convient sa double charge de serviteur de la justice et d'exécuteur des lois.

BIBLIOGRAPHIE

Jousse. *De l'administration de la justice.*

Pastoret. *Histoire de la législation.*

Félix Dubert. *Les huissiers du parlement de Paris 1300-1420.*

Encyclopédie des huissiers.

Léglize. *Répertoire de la législation des huissiers.*

Journal des huissiers.

Bulletin des lois.

Sirey. *Codes annotés.*

Dalloz. *Répertoire de législation.*

Boitard, Colmet Daage et **Glasson**. *Leçons de procédure civile.*

Garsonnet. *Traité de procédure civile.*

Gillet et **Demoly.** *Recueil de circulaires du ministre de la justice.*

Gazette du Palais.

Recueil des arrêts du conseil d'Etat.

Pétition de la Chambre des huissiers de Paris et de la Chambre des huissiers de Lyon.

Lyon-Caen et **Renault.** *Traité de droit commercial.*

Laisney. *Dictionnaire de procédure.*

Collection du *Journal officiel.*

Collection du *Bulletin de législation comparée.*

Répertoire de Merlin.

Girard. *Manuel de Droit Romain.*

Cuq. *Les institutions juridiques des Romains.*

TABLE DES MATIÈRES

QUATRIÈME PARTIE

www.ingramcontent.com/pod-product-compliance
Ingram Content Group UK Ltd.
Pitfield, Milton Keynes, MK11 3LW, UK
UKHW021213140726
13695UKWH00002B/511